国家社科基金青年项目（11CZS036）
复旦大学历史地理研究中心重大攻关研究项目

晚清西北人口五十年（1861—1911）
—— 基于宣统『地理调查表』的城乡聚落人口研究

路伟东 著

复旦史地丛刊

复旦大学出版社

目 录

绪论 ·· 1
  第一节 选题宗旨与研究源起 ·· 1
  第二节 本书的基本概念 ·· 7
  第三节 本书研究的时间与空间范围 ·· 17
  第四节 学术史回顾 ··· 20
  第五节 本书研究的重点与解决的主要问题 ································ 28

第一章 宣统甘肃"地理调查表"与晚清西北城乡聚落 ···················· 35
  第一节 宣统人口调查甘肃"地理调查表"缘由 ··························· 35
  第二节 甘肃"地理调查表"里的调查者 ··································· 40
  第三节 甘肃"地理调查表"的内容填写与地图绘制 ····················· 44
  第四节 甘肃"地理调查表"分村户口数据概略汇总 ····················· 49
  第五节 甘肃"地理调查表"分村户口数据质量 ··························· 64
  第六节 本章小节 ·· 73

第二章 晚清西北城市与城市化水平 ·· 75
  第一节 清末民初以来中国的城市人口调查估计 ·························· 75
  第二节 城市概念与晚清甘肃城市规模边界 ································ 80
  第三节 城市空间边界与晚清甘肃城市人口 ································ 86
  第四节 晚清甘肃行政治所类城市人口结构 ································ 93
  第五节 晚清甘肃千人以上聚落与近代西北地区城市化水平 ··········· 106
  第六节 本章小节 ··· 112

1

第三章 晚清甘肃城市人口与近代北方城市人口等级模式 ………… 114
第一节 城市人口等级模式问题的源起 ………… 114
第二节 行政等级治所城市人口等级模式的幻象 ………… 116
第三节 行政等级治所城市人口等级模式幻象的实质 ………… 120
第四节 中国近代城市人口与城市人口等级 ………… 124
第五节 本章小节 ………… 128

第四章 甘肃"地理调查表"分村数据与长时段区域人口变动 ………… 129
第一节 清末民初中国人口史研究的困境与GIS方法的引入 ………… 129
第二节 不同时间切面的人口数据与可视化 ………… 132
第三节 人口重心模型在西北地区的适用性检验 ………… 136
第四节 甘肃"地理调查表"近7 000个分村数据支持的西北人口分析 ………… 142
第五节 本章小节 ………… 146

第五章 同治西北战争与聚落尺度的人口迁徙 ………… 148
第一节 同治西北战争与区域人口变动 ………… 148
第二节 布朗运动：村域空间尺度下的人口迁移 ………… 151
第三节 村、堡、城：县域空间尺度下的人口迁移 ………… 162
第四节 守土与离乡：省域空间尺度下的人口迁移 ………… 173
第五节 战后客民入迁与土客冲突 ………… 214
第六节 本章小节 ………… 219

第六章 战争状态下的西北回族人口迁徙 ………… 221
第一节 同治战争引发的西北回族人口迁徙 ………… 221
第二节 同治战时西北回族人口迁徙的特点 ………… 230
第三节 战后西北回族人口的迁徙与安插 ………… 238
第四节 本章小节 ………… 257

第七章 城居与防守：微观视角下小民逃生的一个侧面 …… 258
第一节 战时小民逃生原则与城居的场景 …… 258
第二节 战时城市固守成功的重要因素 …… 261
第三节 本章小节 …… 284

第八章 大村分布与人口迁移的空间特征与规律 …… 285
第一节 人口规模减小进程中聚落尺度的人口集聚趋势 …… 285
第二节 甘肃"地理调查表"大村分布与区域尺度的人口空间集聚 …… 288
第三节 本章小节 …… 296

余论：中国历史上人口与战争 …… 299

附录 …… 309
附录一：《高台县地理调查表》图像 …… 310
附录二：宣统"地理调查表"兰州府分村户口数据 …… 312

参考文献 …… 385

后记 …… 399

二 下一步工作计划

下阶段,围绕打造太仓港贸易生态,吸引集聚各类贸易主体和贸易服务商,推动太仓港加快从物流港向物贸港转变,最终向打造自由贸易港目标迈进,太仓市商务局将会同太仓市各相关部门和苏州自贸片区,着重从三个方面支持太仓港复制运用自贸试验区政策。

(一)围绕太仓港复制运用自贸试验区贸易通关便利化经验做法,推动海关等部门加大支持、加强突破

一是推动海关加强支持太仓港加快复制运用综合保税区保税货物与非保税货物便利化操作。该项经验是苏州自贸片区2021年11月推出的创新举措,企业在仓库内即可完成"内销"申报,实现货物性质由"保税"到"非保税"状态的转换,有效降低企业报关申报工作量和短驳运输成本。二是探索建立进口特色货种绿色通道。推动海关、市场监管等部门支持太仓港向上争取设立专业资质实验室,对时效要求较高的水果、食用水生动物等进口特色货种建立查验绿色通道,查验样品实验室检验与货物放行同步进行,形成"即检即放即追"的快速查验模式。三是支持太仓港会同太仓海关创新查验技术,探索通过远程视频、远程操控等信息化技术手段,解决关员取样、查样的人手少、周转率低等问题。

(二)围绕太仓港复制运用江苏自贸试验区港口航运政策,推动各相关部门合力加强对上争取

贯彻落实好江苏省政府印发的《关于推进江苏自贸试验区贸易投资便利化改革创新若干措施的通知》精神,结合现有政策条件和太仓港的实际需求,在航运物流便利化、航运金融等方面支持太仓港争取实施以下三项政策(该类政策由于苏州片区无实际进出口岸或海港,目前只在南京片区、连云港片区落地)。一是加快推进多式联运"一单制"。推动太仓市交通运输局、太仓海关等单位共同支持太仓港争取试点以铁路运输为主的多式联运"一单制"

改革,鼓励制定并推行标准化多式联运运单等单证,依托中欧班列探索铁水联运"一单到底"模式,实现货物运输"一次委托、一次付费、一单到底"。二是探索赋予多式联运单证物权凭证功能。推动交通运输、人力资源、行政、中级人民法院、海关等多部门合力支持太仓港依托港口铁水联运和铁路运输单证的控货权优势,争取以"物权化"为切入点,在风险可控的前提下,开展贸易结算融资探索试点,提升外贸企业资金周转效率,缓解收款时间长、融资难、融资贵等问题。三是提高航运管理服务效率。推动交通运输、海事等部门支持太仓港建设海事政务服务中心、港航服务中心、船员考试中心,加快完善港航一体化信息系统,优化海事政务服务环境,推动港口航运创新发展。

(三)围绕太仓港借鉴全国自贸试验区经验做强港产经济,加大部门支持力度,强化工作推进

上海外高桥保税区和洋山港的联动模式,充分体现了自贸试验区对港口产业发展的极大促进作用。上海自贸试验区系列"放管服"改革以及上海海关等部门的通关便利化举措,助力外高桥保税区进一步吸引集聚产业、金融、人才等各类高端要素,形成发达的外贸服务生态。同时,外高桥保税区通过自贸试验区政策极大地赋能洋山港航运金融、航运保险、航运仲裁等高能级口岸服务产业加快发展。对于太仓港向物贸港转变和向自由贸易港迈进,可行路径和发力方向即是借鉴上海洋山港、宁波舟山港等港口做法,探索叠加自贸试验区政策和经验做法,吸引集聚贸易、金融、物流等各类服务商,加快做强港口物贸生态。一是支持太仓港叠加苏州自贸片区制度创新做法,增强吸引集聚各类贸易主体和供应链综合服务商的能力,积极引进优质进口贸易主体,打造一批以日本生鲜、韩国美妆、俄罗斯农产品、东南亚水果为主的高端消费品和跨境电商贸易平台,扩大进口规模。二是推动海关等部门支持太仓港探索开展出口拼箱、国际中转拆拼箱等多业态作业试点,加快推进与国内有影响力的拆拼箱公司业务合作,打造国际中转集拼基地,进一步提升太仓港的集货能力,加快业务放量增长。三是推动海关、银保监会等部门支持太仓港向上争取大宗商品期货业务,加快建设焦炭、焦煤、铁矿石期货交割

库,争取铁矿石期货保税交割业务试点,推动以交易为核心的大宗商品贸易全产业链发展。目前,连云港自贸片区正在争取落地大宗商品期货业务,太仓港也应积极争取。四是推动海关部门支持跨境电商企业在海关特殊监管区域内设立退货中心仓,完成退货商品的接收、分拣等流程,降低企业运营成本,促进跨境电商零售进口业务健康发展。同时,利用太仓港综合保税区资源,支持太仓港探索开展"保税加工+跨境电商"业务试点,进一步推动产业链国际合作,延伸海外品牌在国内的产业链。

综上,如果上述自贸试验区政策和经验做法能够在太仓港落地,太仓港贸易、航运、产业生态必将得到大的提升。后续太仓市商务局将推动相关部门加大工作创新力度,对上争取力度、尽快会同太仓港研究推进,争取将太仓港打造为物贸和产业繁荣的现代化港口。

苏州市商务局

打造南通市"向海发展"的升级版
——抢抓RCEP实施机遇推进南通市高质量发展的研究与思考

2022年1月1日,《区域全面经济伙伴关系协定》(RCEP)对已提交核准书的10国正式生效(2022年2月1日在韩国实施,3月18日在马来西亚实施)。RCEP生效后对南通开放型经济的实质性影响在于长期效应而不是短期效应,相对于扩大货物贸易和双向投资等直观效果而言,更为深刻的影响在于RCEP可以重塑区域产业链供应链,推进高水平制度型开放,特别是南通可以依托与日本、韩国、新加坡经贸和人文合作的良好基础,进一步拓宽与日本、韩国新的合作路径,打造南通"向海发展"的升级版,构筑新时代南通高水平对外开放的新优势。

一 RCEP主要特征

RCEP是亚太地区规模最大、最重要的自由贸易协定,实施后将成为世界上涵盖人口最多、成员构成最多元、发展最具活力的自由贸易区,已核准成员国之间90%以上的货

物贸易将实现零关税,各成员国将大幅削减经贸合作限制。RCEP 有"三个首次"值得特别关注:

一是 RCEP 首次在中日、日韩之间形成自由贸易关系,在原产地区域累积规则作用下,将极大促进区域价值链供应链深度融合;

二是 RCEP 是我国首次纳入带有数字贸易属性的自由贸易协定,将为我国应对未来数字经济的国际竞争积累经验;

三是 RCEP 是我国首次以负面清单形式对投资领域做出承诺的自由贸易协定,其他成员国也做出较高的准入承诺,将为区域服务贸易和投资发展带来广阔机遇。

二 南通与 RCEP 成员国有着最为紧密的经贸联系

表1 南通与 RCEP 14 国及重点成员国(地区)经贸统计表

类别	利用外资(亿美元)		对外贸易(亿美元)		外经合作(亿美元)	
	历年累计实际使用外资额	全市占比	2021年进出口额	全市占比	中方协议投资额	全市占比
RCEP 14 国	83.38	18.05%	177.9	33.8%	28.51	38.61%
东盟	25.44	5.51%	67.3	12.8%	25.40	34.36%
日本	47.44	10.27%	50.1	9.5%	0.33	0.45%
韩国	7.56	1.64%	27.2	5.2%	0.06	0.08%
新加坡	20.23	4.38%	12.1	2.3%	2.45	3.32%
澳大利亚	2.59	0.56%	31.8	6.0%	2.15	2.91%

(一)利用外资

截至 2021 年,RCEP 14 国在南通总共投资 2 748 个项目,累计实际使用外资 83.38 亿美元,占全市实际使用外资总量的 18.05%(若剔除中国香港、中国台湾、英属维尔京群岛,则占 49.30%)。其中,日本、新加坡、韩国、澳大利亚分别是南通外资排名第二、四、七、十的主要来源地。共引进日本投资项目1 416个,实际使用日资47.44亿美元;新加坡投资项目423个,实际使用新资20.23亿美元;韩国投资项目378个,实际使用韩资7.56亿美元;澳大利亚投资项目229个,实际使用澳资2.59亿美元。

(二) 对外贸易

2021年,南通对RCEP 14国对外贸易进出口总额177.9亿美元,占全市的33.8%。其中,出口102.9亿美元,占比29.4%;进口74.9亿美元,占比42.3%。日本、韩国、越南分别位列RCEP 14国南通出口市场前三位,澳大利亚、日本、韩国分别位列RCEP 14国南通进口市场前三位。进出口主要产品方面,澳大利亚、新西兰、东盟与南通贸易互补性强,属于典型的产业间贸易。日韩的关键零部件和元器件、半导体设备,东盟的农产品和初级工业品,澳大利亚和新西兰的矿产、农产品是全市进口的重要来源。

(三) 外经合作

境外投资方面,截至2021年,南通企业对RCEP 14国共投资166个项目,中方协议投资额28.51亿美元,占全市对外投资总额的38.61%。其中东盟是南通最主要的投资地区,中方协议投资额25.40亿美元,占对RCEP 14国投资额的89.09%,占全市对外投资总额的34.36%;对日本投资项目21个,中方协议投资额0.33亿美元;对韩国投资项目6个,中方协议投资额0.06亿美元;对澳大利亚和新西兰投资项目16个,全部为房建项目,中方协议投资额2.70亿美元。对RCEP 14国投资项目中,制造业投资项目66个,主要为纺织服装和化工项目,中方协议投资额16.0亿美元,占比56.2%;建筑业投资项目30个,中方协议投资额2.2亿美元,占比7.7%;采矿业投资项目2个,中方协议投资额3.5亿美元,占比12.1%。江苏中天科技股份有限公司、江苏双马化工有限公司、梦百合家居科技股份有限公司、江苏天楹环保能源有限公司、江苏联发纺织股份有限公司和江苏林洋能源股份有限公司是南通市主要对外投资企业。

工程承包与劳务合作方面,2021年,南通在RCEP成员国新签对外承包工程合同额 2.37 亿美元,完成营业额 3.06 亿美元,分别占全市总量的 20.90% 和 16.78%。

(四) 经贸合作和人文交流

南通与 RCEP14 国尤其是与日本、韩国、新加坡的经贸合作与人文交流比较密切。

1. 日本

南通与日本经贸合作和人文交流源远流长,唐朝时鉴真法师由南通赴日传法,日本著名高僧圆仁法师由南通入唐求法,共谱中日佛教与文化交流的传奇。1903 年,张謇赴日本对明治维新后的日本进行了为期近 70 天的系统考察,开启了他在南通办教育、兴实业的成功实践,开创并奠定了南通中国近代第一城的工商地位。改革开放以来,从投资江苏的第一家外资企业中国南通力王有限公司,到日本投资中国的第一家外资银行名古屋银行,日本共在南通投资 1 416 个项目,其中世界 500 强企业 17 家,日本成为南通第二大外来投资国和第二大贸易伙伴。南通市先后与日本丰桥市、和泉市结为友好城市,目前常驻南通的日本人有 1 000 多人。2021 年,南通与日本双边贸易额 323.96 亿元,对日本开辟的两条集装箱航线是南通仅有的两条国际航线。已在南通投资的著名日本企业主要有:造纸行业的江苏王子制纸有限公司、大王(南通)生活用品有限公司;高端纺织行业的东丽合成纤维(南通)有限公司、帝人(中国)纤维商品开发有限公司;船舶海工行业的南通中远海运川崎船舶工程有限公司;精细化工行业的旭化成精细化工(南通)有限公司、三菱丽阳高分子材料(南通)有限公司等。

2. 韩国

韩国是南通的第三大贸易伙伴和第七大外资来源地。2021 年,南通与韩国双边贸易额为 175.79 亿元,同比增长 26.70%。100 多年前,金沧江举家迁往南通,写下"通州从此属吾乡"的诗句。南通市分别于 1997 年、2008 年先后与韩国金堤市、昌原市缔结了友好城市关系。自 1991 年南通市与韩资企业携手以来,韩华集团、晓星集团、东丽世韩集团、韩国浦项钢铁集团、韩国

SK集团、厚成株式会社等一批韩资企业在南通频增投资、深耕发展,为南通经济发展作出了重要贡献。

3. 新加坡

目前,新加坡在南通投资项目423个,实际到账20.23亿美元,主要分布在船舶及海工制造、造纸、食品加工、现代服务业等领域,近年来总投资410亿元的金鹰(如皋)产业园项目、总投资100亿元的高德新型电子元件项目都来自新加坡。作为江苏省和新加坡跨国友好合作、苏州和南通跨江联动开发的重要成果,苏锡通科技产业园区正在进行提质扩容,致力于打造成为复制新加坡经验的新样板。

二 RCEP实施对南通开放型经济的影响

(一)利用外资:招商引资机遇与挑战并存

1. 机遇方面

南通拥有较为完备的制造业体系,健全的产业链供应链,大批高素质的劳动力以及持续向好的营商环境。RCEP将利好全市企业利用区域累积原产地规则强链、固链、补链。RCEP认定出口产品原产资格时,只要是成员国的要素都可以累积计入本国原产。如南通市向韩国出口汽车,假设中国、日本、韩国各贡献了20%的本国原产中间品,按照中韩自由贸易协定(FTA)双边累积规则,中国原产成分仅为40%,低于50%标准,无法认定为中国原产并降税;按照RCEP规则,中国原产成分为60%,超出40%标准,可以享受减税。RCEP规定东道国不再要求投资企业达到一定水平或比例的当地含量,减少了"合规"成本,使成员国间投资、知识产权保护、经济技术合作等市场准入进一步放宽。RCEP采用负面清单方式对制造业、农业、林业、渔业、采矿业5个领域做出较高水平投资开放承诺,提供准许自然人临时入境的具体承诺。RCEP使中日、日韩首次建立自贸关系,有利于南通利用与日本、韩国良好的合作基础,围绕集成电路、机械制造、汽车制造、生物医药、新能源等产业

链上下游加强互补合作。同时,我国在 RCEP 中提高了 59 个服务部门的开放水平,并在自然人移动方面做出最高承诺,有利于南通招引区域内发达国家高端服务业项目,引进先进的技术、管理经验及高素质服务业人才。另外,RCEP 生效后,台湾地区出口 RCEP 成员国的主要产品将受影响,其塑化、钢铁、纺织及工具机等产业或加速向区域内转移,南通应把握新一轮对台招商机遇。

2. 挑战方面

RCEP 关税减让安排将促进生产要素加速流动,东盟在劳动力、土地等资源上存在比较优势,不排除部分想进入南通的欧美企业,以及部分已在南通投资的外资企业,将考虑在越南等东盟国家投资建厂,以降低生产经营成本,这将对南通吸引外资造成一定的挤出效应。

(二)对外贸易:促进南通外贸稳定增长

1. 通过降税、免税促进货物贸易增长

短期看,RCEP 对南通进出口的促进作用有限,渐进式降税安排带来的主要是中长期利好,有利于促进进口多元化,激发进口潜力,优化进口结构,扩大先进技术、关键设备、核心零部件、资源性产品、优质民生产品的进口;同时有利于稳定对区域内外各国的优势产品出口,提升全市制造业的质量,促进制造业向中高端迈进,提高企业竞争优势。

一是机电产品出口增长潜力更大。机电产品是南通优势出口产品,2021年全市机电产品出口额 1 068.5 亿元,增长 37.3%,占全市出口总额的 47.2%。目前南通对 RCEP 成员国机电产品出口占全市机电出口比例仅为 21.0%,增长空间较大。东盟国家人口基数大、消费潜力广,有利于南通扩大电动工具、健身器材、消费类电子产品的出口。

二是纺织服装对日本出口空间更广。日本是南通纺织品的主要出口市场之一,出口占比高达 29.9%。日本 2019 年取消对华普惠待遇,包括纺织服装在内的输日产品关税有所上浮,对我国原产的纺织服装征收 5%~11% 的关税,这导致我国在与越南、泰国、印度尼西亚等国的竞争中处在劣势地位,削弱了南通纺织服装产品对日出口竞争力。RCEP 生效后,日本将分 15 年把主要纺织服装类进口关税降为零,从而有效促进南通纺织服装企业引进日本先进设备,加强产能合作,加快产业升级,加速产品出口。

三是汽车及配件市场开拓前景更好。目前南通汽车零部件出口占全市出口比重不到 1%,日本、韩国、东盟等国家和地区降低汽车零部件关税,有利于加速南通汽车零部件企业开拓成员国市场。

四是化工产品产能输出动力更强。协定的生效将降低南通化工产品出口东盟国家的壁垒,有利于化解南通传统化工产品产能过剩局面,促进化工行业转型升级。同时,南通高端精细化学品及新化学材料仍依赖进口,日本和韩国是高端化工材料的主要来源地,协定的生效有助于南通下游企业降低采购成本,提升产品质量,增强产品竞争力。

五是光伏产品出口利好将更明显。越南、泰国、菲律宾、澳大利亚等光伏进口大国已对南通光伏产品免征关税,2019 年以来,南通市太阳能电池出口连续 3 年增长。在碳达峰、碳中和等全球共识的推动下,光伏、风电等清洁能源在全球能源消费中比例正快速上升,加上新能源汽车产销两旺,带动蓄电池等储能设备需求猛增,韩华新能源(南通)有限公司、江苏海四达电源有限公司、沃太能源南通有限公司等新能源企业今后出口将持续快速增长。

2. 推动跨境电商加速发展

南通跨境电商行业起步于 2016 年,2019 年 12 月获国务院批准设立跨境电子商务综合试验区,跨境电商进出口全模式均顺利开通,跨境电商与市场采购贸易方式融合出口实现全国首单。2021 年,南通跨境电商进出口额同比翻三番。RCEP 明确支持电子商务的跨境经营,将进一步推动南通跨境电商迈入新的加速发展期。一是东盟国家市场潜力巨大,覆盖平台电商、二类电商、以货到付款(COD)形式售卖等多种电商模式,为南通跨境电商发展提供了广阔的市场空间。二是通过推进无纸化贸易、鼓励应用互认的电子认证等具体条款加速跨境电商监管方式的数字化进程,推动贸易数字化发展,为南通跨境电商发展提供制度和技术支撑。三是对于跨境卖家而言,邮政小包是较为重要的物流方式,2022 年受疫情影响邮政小包持续涨价,RCEP 降低

甚至消除了邮政小包征收关税的风险，将大幅降低跨境电商物流成本。

3. 为服务贸易发展提供新机遇

截至 2022 年，南通服务贸易占全市比重仅约 6‰，发展潜力较大，RCEP 的生效有望促进南通服务贸易实现跨越式增长。中方在 RCEP 中的服务贸易开放承诺达到了已有自由贸易协定的最高水平，承诺服务部门数量在我国加入世界贸易组织（WTO）承诺约 100 个部门的基础上，新增了研发、管理咨询、制造业相关服务、空运等 22 个部门，并提高了金融、法律、建筑、海运等 37 个部门的承诺水平。其他成员国在中方重点关注的建筑、医疗、房地产、金融、运输等服务部门都做出了高水平的开放承诺。这为南通服务贸易企业拓展成员国市场、拓宽业务领域提供了新契机。同时，RCEP 明确将以更加开放的态度对待数字贸易发展，限制成员国政府对数字贸易施加各种影响，南通数字贸易发展还处于起步阶段，协定的生效将激活南通数字贸易发展活力，提升数字贸易在服务贸易中的份额。

（三）外经合作：助力南通企业高质量"走出去"

RCEP 为南通企业高质量"走出去"提供了制度性保障，其负面清单、投资保护等制度条款为区域内企业对外投资带来便利，增强了投资信心。南通企业可结合成员国的资源禀赋和产业发展等综合条件，选择具备所需优势、竞争力最强的地区进行产业布局。随着 RCEP 的深入实施，南通将推动纺织服装、轻工等劳动密集型产业向东盟国家转移，以东盟为战略支点，推进本土企业、优势产能和装备制造"走出去"，高质量参与"一带一路"共建，并鼓励光伏产业、智能装备等优势产业加速产品研发、技术创新和专业设计，在日本、韩国、澳大利亚等国家布局，推动企业逐步向"微笑曲线"的研究设计端和销售服务端攀升。

南通市商务局

关于加快连云港经济技术开发区发展的思考与建议

连云港经济技术开发区(以下简称"连云港经开区")是1984年12月经国务院批准设立的首批国家级经济技术开发区,位于连云港市区的地理中心,辖朝阳街道、中云街道、猴嘴街道三个街道。作为首批获批的国家级经济技术开发区,30多年来连云港经开区不断探索特色发展模式,成为连云港市经济发展强力引擎、对外开放重要平台。近期,中共连云港市委研究室、连云港市商务局就加快连云港经开区发展进行了调研,并提出意见建议。

一 取得成绩

近年来,连云港经开区瞄准"苏北最高、沿海一流,大手笔建设现代化新港城几何中心"目标追求,全面推进港产城融合发展,加快推动产业集聚,不断完善功能配套,园区建设成效显著。

（一）产业发展崛起高地

新医药、新材料、高端装备制造三大主导产业加速崛起,中华药港品牌持续擦亮,中国材料谷、高端装备制造产业园加快建设,建成全国最强医药创新基地、全国最大碳纤维生产基地、亚洲最大风电装备生产基地,形成"三峰并立"主导产业格局,连云港经开区位列"2021生物医药产业园区百强榜"第四,位列"2021全国先进制造业园区百强榜"第五十。

（二）经济发展稳步提升

2021年,连云港经开区完成地区生产总值407.7亿元;实现进出口总额36.4亿美元,占全市进出口总额的25.1%;新增实际使用外资额2.3亿美元,占全市实际使用外资总量的23.2%;完成规模以上工业总产值754.5亿元,占全市规模以上工业总产值的20.5%。连云港经开区贡献了全市1/4的进出口总额、1/4的实际使用外资额和1/5的规模以上工业总产值。

（三）创新发展提档升级

高新技术产业产值占规模以上工业产值的比重达77.7%,累计获批一类新药占全国新药总量的18%、占全省新药总量的68%,研发投入占比、科技贡献率位于国家级经济技术开发区前列,高新技术产业产值、国家级研发载体、国家重大人才工程专家全市占比均超过六成。中复神鹰碳纤维有限责任公司申报的"干喷湿纺千吨级高强/百吨级中模碳纤维产业化关键技术及应用"项目摘得国家科技进步一等奖,江苏康缘药业股份有限公司肖伟当选中国工程院院士,实现本土自主培育院士、国家科技进步一等奖零的突破。

（四）开放发展成效显著

自由贸易试验区形成制度创新成果105项,企业超过1.4万家,较获批前增加11倍。综合保税区增值税一般纳税人资格试点落地,跨境电商体验中心、海外仓等投入使用。中国(连云港)国际医药技术大会形成广泛影响。

企业上市3家、上海股权托管交易中心挂牌11家,设立境外企业27家,获批国家外贸转型升级基地等金字招牌。

(五)融合发展全面提速

园区开发不断提速,海绵城市建成投用,四横六纵路网架构基本形成,花果山大道城市带加快建设,创智绿园、连云港工业展览中心等优质配套建成投用,近五年新增房地产面积350万平方米。生态环境持续优化,建成28公里生态长廊,城市绿化覆盖率达到40%,通过国家生态工业示范园区现场复查评估,入选首批10家江苏省产业园区生态环境政策集成改革试点园区。

二 情况分析

(一)连云港经开区在全国、全省和周边地区排名情况

2016年,商务部制定印发《国家级经济技术开发区综合发展水平考核评价办法》,正式启动国家级经济技术开发区综合发展水平考核评价工作。江苏省商务厅也每年对省级以上经济技术开发区进行综合考核。

1. 2016—2021年在全国排名情况

自2016年商务部开展综合考评工作以来,连云港经开区在全国国家级经济技术开发区中的排名始终保持在第一梯队,多次获得商务部"综合发展水平突出,科技创新全国领先"的书面肯定(表1)。

表1 连云港经开区2016—2021年在全国排名情况

年份	2016年	2017年	2018年	2019年	2020年	2021年
商务部综合考评排名(位次)	14	28	23	27	28	32

2. 2016—2021年在全省排名情况

目前,江苏省共有27家国家级经济技术开发区,是全国数量最多的省份。近年来,连云港经开区在省内排名较为稳定,在全省处于中游水平(表2)。

表 2　连云港经开区 2016—2021 年在全省排名情况

年份	2016 年	2017 年	2018 年	2019 年	2020 年	2021 年
省综合考评排名（位次）	15	16	13	13	14	17

3. 2016—2021 年在苏北地区排名情况

苏北五市共有 6 家国家级经济技术开发区，近年来，连云港经开区在苏北排名始终保持在第三，2020 年首次超越淮安经济技术开发区，排名苏北第二（表 3）。

表 3　连云港经开区 2016—2021 年在苏北地区排名情况

年份	2016 年	2017 年	2018 年	2019 年	2020 年	2021 年
省综合考评在苏北五市中的排名（位次）	3	3	3	3	2	3

（二）连云港经开区主要指标在国家综合考核排名情况

根据商务部下发的《2021 年度国家级经济技术开发区综合发展水平考核评价结果通知书》，连云港经开区在 53 项考核指标中，25 项指标优于全国国家级经济技术开发区平均水平，28 项指标低于全国国家级经济技术开发区平均水平。

2021 年商务部印发《国家级经济技术开发区综合发展水平考核评价办法（2021 年版）》（以下简称"办法（2021 年版）"），设置 5 类一级指标和 30 项二级指标。二级指标评分权重较高的依次是：实际使用外资金额、进出口总额、单位土地园区地区生产总值产出强度、园区地区生产总值、园区地区生产总值增速 5 项，合计评分权重达到 32%。从 2021 年国家级经济技术开发区综合发展水平考核评价结果和连云港经开区相关数据分析来看，连云港经开区 5 项指标均未达到全国国家级经济技术开发区平均值水平。

1. 实际使用外资金额（评分权重 8%）

连云港经开区实际使用外资 2.22 亿美元，全国国家级经济技术开发区实际使用外资额中间值为1.13亿美元,平均值为2.64亿美元。

2. 进出口总额(评分权重8%)

连云港经开区出口总额57.75亿元,全国国家级经济技术开发区出口总额中间值为62.17亿元,平均值为185.60亿元;连云港经开区进口总额105.44亿元,全国国家级经济技术开发区进口总额中间值为35.80亿元,平均值为135.56亿元。

3. 单位土地园区地区生产总值产出强度(评分权重6%)

连云港经开区单位土地地区生产总值产出强度为4.32亿元/平方公里,全国国家级经济技术开发区单位土地地区生产总值产出强度中间值为4.32亿元/平方公里,平均值为7.22亿元/平方公里。

4. 园区地区生产总值(评分权重5%)

连云港经开区地区生产总值357亿元,全国国家级经济技术开发区地区生产总值中间值为363亿元,平均值为511亿元。

5. 园区地区生产总值增速(评分权重5%)

这是2021年新增的二级考核指标,往年没有排名情况。从历年商务部发布的综合考核评价结果来看,2017—2020年全国国家级经济技术开发区地区生产总值增速分别为9.0%、6.6%、10.3%、5.6%;对应年份连云港经开区地区生产总值增速分别为9.0%、8.2%、9.2%、3.3%,总体落后于全国平均水平。

(三)连云港经开区当前发展中存在的不足和短板

通过对比分析近年来商务部和江苏省商务厅的综合考评结果以及连云港市经济指标情况,可以发现,连云港经开区存在以下几方面短板和不足。

一是经济总量仍然偏小。2021年,连云港经开区完成地区生产总值357亿元,占全市比重仅为10.9%,同连云港经开区应承担的全市经济发展强力引擎地位明显不符。而且,2021年国家级经济技术开发区综合考评结果显示,连云港经开区地区生产总值、地区生产总值占所在地级市地区生产总值比重两项均低于全国国家级经济技术开发区平均值水平,均属于综合考核"拖后腿"指标。根据《办法(2021年版)》,园区地区生产总值和园区地区生产

总值增速两项考核指标评分权重提高到10％,将成为综合考核评价的重中之重和关键大头,连云港经开区经济总量偏小这一劣势将被进一步放大。

二是对外开放仍须提升。对外开放是《办法(2021年版)》的5类一级指标之一,评分权重达到30％。对外开放包括二级指标7项。同往年相比,保留实际使用外资,合并进出口总额,增设实际使用外资金额增速、外商投资企业再投资金额、实际使用外资占所在地级市实际使用外资比重、进出口总额增速、进出口总额占所在地级市进出口额比重等5项指标。从2021年国家级经济技术开发区综合考评结果来看,纳入统计的出口总额、进口总额、实际使用外资金额3项考核指标,连云港经开区均未达到全国平均水平,分别仅为全国平均水平的31.1％、77.8％、84.1％。

三是发展质量仍不够高。发展质量是《办法(2021年版)》的5类一级指标之一,评分权重达到30％。发展质量包括二级指标8项,分别是园区地区生产总值、园区地区生产总值增速、单位土地园区地区生产总值产出强度、营收30亿元以上制造企业数量、上市企业数量、园区地区生产总值占所在地级市地区生产总值比重、税收收入占所在地级市税收收入比重、土地开发利用率。从2021年国家级经济技术开发区综合考评结果来看,除税收收入占所在地级市税收收入比重、土地开发利用率2项指标外,连云港经开区其余6项指标均落后于全国平均水平,反映出连云港经开区发展质量还不够高。

三 意见建议

经济总量偏小、对外开放不足、发展不够充分,是连云港经开区当前面临的最重要问题,也是连云港经开区对全市经济发展支撑不够有力的主要原因,更将严重影响商务部下一年度国家级经济技术开发区综合考核排名,必须切实引起重视,迅速采取有力措施解决此问题。

(一)完善功能配套,建设港产城融合示范区

产无城不立,城无产不兴,要全面推动港产城人融合发展。一是要突出

规划引领。借鉴发达地区园区经验,按照"三先三后"理念(先规划后建设、先地下后地上、先工业后商住),编制"1+3"规划,"1"即28.6平方公里几何中心核心区,推进城市几何中心基础设施和相关配套建设;"3"即3个街道,按照"重振朝阳、重塑中云、提升猴嘴几何中心首位度"思路,进一步明确3个街道发展方向和规划建议。二是要大力开发建设。紧扣几何中心目标定位,坚持以智能化、绿色化、高端化为引领,大力发展金融商务、商业会展、高端医疗等产业,打造更多商务办公邻里中心、特色街区等项目,打造近悦远来的现代园区。三是要完善设施配套。按照"富规划、巧开发、强配套"的原则,加大路网、管网等基础设施建设,提升水、电、气、热等公共服务保障能力,同时,努力提高新"九通一平"水平,为园区不断注入新的活力。

(二)强化创新驱动,建设开放型经济先行区

坚持开放创新协同发展,以创新促转型,以开放促发展。一是要推进全领域对外开放。推动自由贸易试验区建设向"深水区"迈进,用好制度创新动力源,扩大进口货物"车船直取"等试点范围,加快推动日韩消费品分拨中心、汽车整车进口口岸等载体落地建设。用好新亚欧陆海联运通道自由贸易试验区联盟平台,深化与"一带一路"沿线生物医药、新材料、高端装备制造、现代物流等领域合作,加快构建与国际接轨的开放型经济体制。推进综合保税区海关监管智慧化、信息化建设,探索"保税备货+现场体验+身份核验"跨境电商新模式,打造区域双循环新发展格局的重要载体。二是要打造高水平创新生态。用好中华药港、中国材料谷、中国科学院高效低碳燃气轮机试验装置等重大平台,打造江苏(连云港)花果山总部经济和研发中心,加快推进中华药港"一院五中心"建设,打造区域创新引擎。深化与中国科学院等高校院所合作,完善高层次、高技能人才引进政策,壮大产业引导基金规模,集聚科技、金融等优质资源,提升创新服务发展水平。鼓励企业加大研发投入,建设高层次研发机构,推动企业技术、模式、服务创新,加快促进科技成果转化,打造一批专精特新"小巨人"企业、"隐形冠军"和"单打冠军"。

(三)聚焦产业提升,建设高质量发展引领区

推动产业发展实现从"高峰"向"高原"转变,加快昂起全市经济发展龙头。一是要完善全链条产业体系。大力发展"3+N"主导产业,加快推进中华药港、中国材料谷、新能源和高端装备制造产业园建设,拓展总部经济、数字经济、研发中心等新兴产业,奋力崛起沿海产业新高地,努力在全球产业链、价值链和国家产业分工中占有一席之地,力争"十四五"末,新医药产业产值突破1 000亿元大关,新材料产业产值达到500亿元,高端装备制造产业产值达到300亿元,尽快实现千亿园区目标。二是要开展全方位招商引资。优化招商形式机制,开展全域、全员、全产业、全方位招商,千方百计招"大"引"强"。聚焦主导产业领域,细化"产业图谱""招商地图",主攻长三角、粤港澳、京津冀等重点区域,紧盯央企国企、世界500强等企业,加快突破一批产业链龙头企业、重大外资项目。坚持外引内培并举,鼓励现有企业以商引商、外商企业利润再投资,招引一批上下游配套企业,确保年均新招引10亿元以上项目超过20个、实际使用外资额超过3亿美元。三是要优化全流程服务环境。发挥"立即解决、问题清零"指挥作用,加大企业项目难题会办力度,以一流服务助力企业做大做强,打造效率最高、成本最低、服务最优的营商环境标杆示范区。推行企业服务专员制度,选派熟悉经济政策、热心企业发展、善于综合协调的领导干部,为项目提供从招引到落地投产运营全流程精准服务。

(四)优化运营理念,建设深层次改革试验区

从追求速度向追求质量、从政府主导向市场主导转变,不断激发内生动力。一是嵌入市场理念。连云港经开区工作委员会、管理委员会是连云港市委、市政府的派出机构,应机构扁平、流程简洁、精简高效,机构编制不能"行政区化",管理体制不能"金字塔式",要卸下行政包袱,聚焦主责主业,轻装上阵。可借鉴苏州工业园区将开发区作为一个"经济实体""开发区开发建设就是经营一个大企业集团"的理念,进行开发建设。对政府性公共服务,着力扩

大"政府购买社会化服务"范围，做到"花钱买服务、用人不养人"。二是打造金融中心。积极引进各类金融机构在园区设立分支机构和网点，打造连云港本土金融中心。定期组织银企合作会，为企业和银行间提供沟通平台，为连云港经开区发展融入更多流动资金。三是建立准入机制。推进连云港经开区设立项目落户评估机构，认真梳理商务部《办法（2021年版）》考核指标，及时调整招商引资目录，确保招引项目质效符合考核要求、适应园区发展方向。

连云港市商务局

基于政学企协"四位一体"的淮安跨境电商人才培育机制研究

一 跨境电商发展的基本状况

近年来,面对贸易保护主义频发和复杂严峻的国际形势,跨境电商日益成为外贸增长的新引擎和转型升级的主力军。"十三五"期间,我国跨境电商交易规模从6.7万亿元增加至12.8万亿元。后疫情时代,跨境电商在全球新冠肺炎疫情防控中起到了"渠道"作用,为跨国防疫物资供应作出重要贡献,2021年,我国跨境电商交易规模达到14.3万亿元,增长11.7%[①](图1、图2、表1)。

---

① 由于统计口径不同,跨境电商数据存在较大差异,本文引用的是中商产业研究院《2021年中国跨境电商行业市场前景及投资研究报告》。

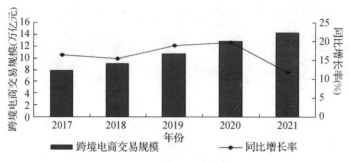

图 1　2017—2021 年我国跨境电商交易规模

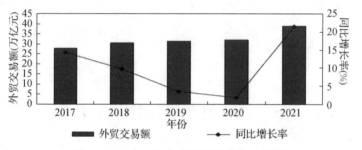

图 2　2017—2021 年我国外贸进出口总额

图1、图2数据来源:跨境电商数据来源于中商产业研究院《2021年中国跨境电商行业市场前景及投资研究报告》,外贸进出口数据根据商务部、海关总署等网站数据整理。

表1　2017—2021 年我国跨境电商交易规模及其占外贸进出口总额比重

年份	跨境电商交易规模（万亿元）	外贸进出口总额（万亿元）	占比（％）
2017	7.8	27.8	28.1
2018	9.0	30.5	29.5
2019	10.7	31.6	33.9
2020	12.8	32.2	39.8
2021	14.3	39.1	36.6

　　跨境电商的快速发展带来了产业人才的巨大需求,但当前我国跨境电商人才培育中存在种种短板。如多数高校未设立跨境电商专业,现有的教学体系跟不上跨境电商发展,社会培训机构涉及面窄,政府在人才培育过程中引

导作用不强,行业商协会力量尚未得到有效发挥等,以上问题阻碍了跨境电商人才的有效供给。

二 跨境电商人才供需分析

跨境电商业态以其发展快、变化多、链条长的特点,对所需人才素质提出了更高要求,因此需要对我国跨境电商人才供需进行深入分析。

(一)需求分析

1. 供需矛盾不断加剧

根据国内权威机构调查,我国跨境电商的人才缺口约 450 万人,可作为潜在培育对象的电商、外语、对外贸易等相关专业学生仅有 100 万人,而且这种缺口仍在以每年 30% 的速度增加。与此同时,国家加快跨境电子商务综合试验区的设立,截至 2022 年全国跨境电子商务综合试验区已达到 165 个,跨境电商政策红利进一步爆发,加剧了跨境电商人才争夺的供需矛盾。

2. 需求素质不断提高

2020 年,知名跨境电商平台亚马逊"封号事件"说明,跨境电商企业需要具备电商平台运营能力、大数据分析能力以及懂得企业战略管理、风险管理的复合型人才。国内某权威机构调查显示,企业对有跨境电商专业技能的人才需求占比达到 73%,对同时具备大数据分析能力的人才的需求占比达到 88%,对同时具备企业战略管理、风险管理能力的人才需求占比达到 95%。

(二)供给分析

从我国跨境电商人才的供给侧看,产教融合为主要供给模式。按参与主体分可为三种类型,分别是高校与培训机构、高校与跨境电商平台运营商、高校与跨境电商服务商的合作模式。

1. 高校与培训机构合作

高校与培训机构合作模式中,培训机构自身运营能力在很大程度上决定了培育的质量。目前我国大部分跨境电商培训机构,多以理论为主,缺少跨境电商项目运营与实践能力,无法与高校教学形成差异化互补,由此培育出来的人才竞争力不强,就业率低。

2. 高校与跨境电商平台运营商合作

跨境电商平台作为交易场所的"出租者",可以为从业者提供广阔的成长空间。如跨境电商平台业务岗可以培育娴熟的语言能力、较高的文化素养,技术岗可以培育跨境电商平台的搭建、推广能力,管理岗可以培育企业发展战略、内外部协调能力等。但高校和跨境电商平台运营商的合作也出现诸多问题。如跨境电商平台运营商注重对产品的推广、销售,但在跨境服务以及产品的研发创新方面,显得力不从心。

3. 高校与跨境服务商合作

跨境服务商主要包括跨境物流、支付、品牌培育等跨境电商生态链上的众多环节。高校和跨境服务商的合作,往往只能集中于跨境物流、支付、品牌培育等某一环节,而对跨境电商所涉及的其他环节,比如跨境电商平台运营及管理、跨境电商供应链管理等内容无法进行全过程参与。

三 淮安跨境电商人才培育发展背景

2016年,南京海关批准淮安为跨境电商零售进口试点城市,淮安跨境电商发展步入了快车道。2020年,国务院批准淮安为全国第五批跨境电子商务综合试验区,进一步推动了跨境电商发展和对跨境电商人才的需求。在跨境电商发展方面,淮安有其自身优势。

一是便捷的交通带来物流优势。淮安"空铁水公"4种通达方式俱备,京沪等6条高速公路在境内交会,淮安新港直达上海、连云港等港口,淮安内河集装箱吞吐量占江苏省集装箱吞吐总量的50%以上。淮安涟水国际机场开通41条境内外航线,并启动国际货物"空运联程"业务。快捷的交通网络构建了发达的仓配一体化物流体系,吸引了顺丰等13个快递品牌在淮安设立快件转运分拨中心(图3)。

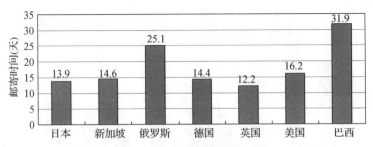

图3 顺丰国际快递时效(从中国出发)

数据来源:顺丰国际。

二是独特的区位的带来市场优势。淮安作为长三角北部的几何中心,周边200公里辐射半径覆盖4 000多万人口,拥有1.7万亿元消费市场,依靠物流成本、配送时效等比较优势,吸引了美妆、母婴、运动等高客单价进口商在淮设立仓配中心,一批大型商超及消费品品牌在淮安设立区域市场配送中心。

三是特色的产业带来产品优势。淮安已形成纺织品、服饰配件、体育用品等八大特色出口产业带,各类跨境主体1 000多家,其中江苏共创人造草坪有限公司是全球最大的人造草坪制造商和出口商,江苏威特电子商务有限公司凭借其拖鞋、收纳袋等日用品,成为亚马逊平台单品销售冠军。此外,淮安周边200公里范围内,拥有100多个特色产业带,工业产值超过2万亿元,这些都为跨境电商发展提供了坚实的基础(图4、图5)。

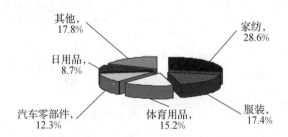

图4 淮安跨境电子商务综合试验区跨境电商主要出口商品品类

数据来源:根据淮安海关及跨境电子商务综合试验区线上平台数据整理统计。

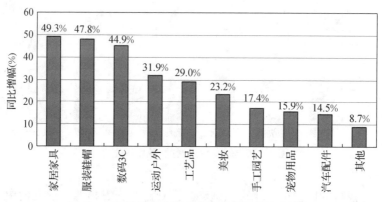

图5 中国跨境电商零售出口商品品类同比增幅

数据来源：亿邦智库。

四是健全的服务体系带来政策优势。江苏省人民政府印发的《中国（淮安）跨境电子商务综合试验区实施方案》关于"海关监管、外汇结算、税收退税、智慧物流以及人才建设"等一系列措施加快先行先试。同时，淮安市出台了《中国（淮安）跨境电子商务综合试验区建设三年行动计划（2021—2023）》《促进中国（淮安）跨境电子商务综合试验区发展的十条政策》，制定了跨境电商产业园、公共海外仓、创业孵化基地、人才培训服务机构等载体的认定及管理办法等，在中央专项资金支持基础上进一步叠加地方专项资金，加大对跨境电商发展的支持力度（表2）。

表2　2021年以来国家层面支持跨境电商发展的政策措施

时间	部门	文件名称
2021年1月	人民银行、发展改革委、商务部、国资委、银保监会、外汇局	关于进一步优化跨境人民币政策　支持稳外贸稳外资的通知
2021年1月	交通运输部	关于服务构建新发展格局的指导意见
2021年2月	中共中央、国务院	国家综合立体交通网规划纲要
2021年3月	商务部、中国出口信用保险公司	关于进一步发挥出口信用保险作用　加快商务高质量发展的通知
2021年7月	国务院办公厅	关于加快发展外贸新业态新模式的意见

续表

时间	部门	文件名称
2021年8月	人民银行	跨境支付服务管理办法
2021年10月	商务部、中央网信办、发展改革委	"十四五"电子商务发展规划
2021年11月	商务部	"十四五"对外贸易高质量发展规划
2021年12月	国务院	"十四五"现代综合交通运输体系发展规划
2021年12月	国家邮政局、发展改革委、交通运输部	"十四五"邮政业发展规划
2022年2月	国务院	国务院关于同意在鄂尔多斯等27个城市和地区设立跨境电子商务综合试验区的批复
2022年11月	国务院	国务院关于同意在廊坊等33个城市和地区设立跨境电子商务综合试验区的批复

四 淮安跨境电商人才培育发展现状

（一）人才供给特点

1. 政府引育相对薄弱

人才引进方面，近年来淮安市出台了《淮安市"名校优生"引才工程实施办法（暂行）》（淮人才〔2016〕9号），同时发布《淮安市333产业人才"集聚行动方案（试行）》（淮办发〔2021〕11号），加大对高层次、创业、高技能及外地毕业生的引进力度，取得了一定成效。但在人才培育方面相对薄弱，如尚未建立多元的跨境电商人才培育与评价体系，教培资源缺乏系统整合，存在无序竞争，政府对人才培育项目支持力度还不够大，缺乏有序长效扶持机制等。

2. 校企培育初显端倪

淮安集聚了7所高校、9所中专学校、近20万在校大中专学生，专业涵盖对外贸易、外语、数字传媒、美工设计、物流、金融等跨境电商全链条专业。淮安市政府和淮阴师范学院共建成立了淮安电子商务学院和淮阴师范学院创客中心,并与阿里巴巴、京东等平台建立合作。淮安电子信息职业学院、淮安信息职业技术学院等与亚马逊、eBay等一批电商平台和专业机构建立人才孵化基地、直播分销基地等,每年为跨境电商全产业链输送一批人才。

3. 机构培育方兴未艾

淮安跨境电商人才培训机构主要有淮安瀚唐信息技术有限公司、淮安丝路品牌咨询有限公司、淮安闻远科技有限公司等。其中,淮安瀚唐信息技术有限公司作为亚马逊、eBay的指定服务商和江苏省产业人才培训基地,专业提供跨境电商培训服务,近两年培育跨境电商运营人才1 000多人。淮安丝路品牌咨询有限公司作为阿里国际站苏北运营服务中心,为淮安、连云港、宿迁等周边2 000多家企业提供人才及技术支撑。

4. 协会培育探索前行

行业商协会是指从事相同性质经济活动,为维护共同的合法经济利益而自愿组织的非营利性社会团体,是党和政府领导下的民间商会和行业自治组织。目前省级层面的商协会机构适时在淮安开展一些零散培训,但在市级层面,淮安本地跨境电商行业商协会尚未建立,国际商会、进出口协会等社会机构因人员配置、技术力量等原因,对人才的培育还处于探索阶段。

(二)淮安跨境电商人才面临的主要问题

1. 供需不平衡矛盾突出

淮安跨境电子商务综合试验区的设立,推动了传统外贸加快转型跨境电商,对人才的需求进一步加大。目前,淮安跨境电商人才培育的师资力量还比较薄弱,淮安的高校仍然没有设立跨境电商专业。与广东、浙江等发达地区相比,跨境电商所需的复合型人才培育尚未取得明显成效,造成了跨境电商人才供需矛盾进一步凸显。

2. 人才流失问题严重

一方面,根据淮安高校就业数据显示,大多数应届毕业生希望去上海、杭州、南京或其他苏南城市发展,只有少数本地生源在淮安发展;另一方面,淮

安跨境电商企业多为小微企业，这些企业既要求员工具备一定业务能力，又出于成本考虑，不愿意高薪揽才，造成人才外流进一步加剧。

3. 培育尚未形成合力

跨境电商人才培育须政府、高校、机构、协会等多方力量联动。目前，虽然淮安市跨境电商人才在机构培育、校企培训取得了一定进展，但是政府机构、行业协会的力量还没有得到充分发挥，特别是政府参与校企跨境电商孵化项目的力度不足，政府、企业、院校在跨境电商人才培育上还没有形成强大合力。

4. 复合型人才缺失

复合型人才不仅要懂外贸、海关、国检、国税、外汇等业务，还要具备跨境电商平台运营、产品推广、跨境物流、品牌塑造、营销服务、大数据分析等综合能力。根据全市跨境电商企业调查，本文整理出了跨境电商人才的核心岗位需求（表3）。根据调查结果，跨境电商企业对复合型人才需求的满足率不到20%。

表3　跨境电商人才核心岗位需求

岗位群	岗　位	核心岗位需求
产品信息化	产品专员、外贸专员、网络信息编辑员、网站维护专员、外贸业务员、跟单员	能完成选品和产品信息化工作；设置跨境电商产品价格、运费等
跨境运营	平台运营专员、平台运营主管	能完成选品和产品信息化工作；设置跨境电商产品价格、运费等
视觉设计	视觉设计、平面设计、电商美工	网站规划与装修，美化产品图片，做好详细描述排版
客户服务	海外客户专员、客服售后、纠纷调解员	能及时处理订单、合同、纠纷，维护老客户，开发新客户
营销推广	市场推广员、市场营销员	品牌策划，制订搜索引擎营销（SEM）推广优化方案，通过合适渠道进行推广，市场和消费者行为研究
跨境物流	物流专员、国际货代、海外采购员	设计跨境物流方案，合理选择跨境物流方式，告知客户物流情况

五 构建政学企协"四位一体"跨境电商人才培育机制

淮安以高校、培训机构为主的跨境电商人才培育机制,已不能满足跨境电商产业快速发展对人才的需求,亟须通过建立政学企协"四位一体"跨境电商人才培育机制,补足当前产教融合中的短板。

(一)政府要建立健全"导向明确、模式多元、扶持适度、评价科学"的人才培育制度保障

一是政策导向。建议商务、人力资源和社会保障等部门在结合当地实际基础上,进一步制定促进跨境电商人才招引、开发培育的相关政策措施。对政府、高校、企业、协会等设立的跨境电商人才培育项目加大财政支持。如企业为学校提供实习岗位,在一定程度上给予补偿,提高企业参与人才培训项目的积极性。二是模式多元。在政府、高校、企业、协会联合培育的基础上,采用不同的培育模式。如引导高校、企业联合搭建实训基地,开展人才就业前的技能培训,鼓励符合资质的培训机构及社会力量参与支持等。三是扶持适度。成立跨境电商人才培育领导小组办公室,吸收跨境电商企业、学校、协会、培训机构等为成员单位,设立人才培育资助项目,定期对项目运营进行推进、优化、考核、扶持等,为跨境电商人才培育提供支撑。四是科学评价。要建立健全跨境电商人才培育的学习、实践、就业及创业转化等科学完备的评价体系,注重量化考核,提高培育成效的可监测性。

(二)高校要建立"鼓励创新、多方参与、校内校外、产教融合"的跨境电商教学体系

一是根据产业发展需求创新培育方案。鼓励高校依据跨境电商产业对人才的多样化需求,分门别类开设跨境电商专业课程、实训基地以及将跨境电商培训机构科目内容充实到校内教学中。二是鼓励教师积极参与跨境电商项目运营,提高教师的理论与实践结合能力。倡导教师参与跨境电商企业的运营管理,提高教师对跨境电商产业发展的认知。三是建立"校内课堂理

论学习、校内模拟平台实训、校外基地综合技能提升、校外企业顶岗上手"的四级跨境电商教学体系,实现校外实操与校内教学的无缝对接。四是加强高校与相关行业协会等力量的合作联系,定期举办跨境电商讲座、论坛、沙龙等。

(三)社会机构要建立"线上线下、理论实操、全程参与、模式多元"的服务平台

一是鼓励社会培训机构要积极参与高校跨境电商人才培育方案及课程体系建设过程,从行业发展和市场需求的角度提出对跨境电商人才专业技能及理论知识的需求。二是线上跨境电商平台要专门分配若干职位用于高校跨境电商专业学生的校外实操、实践。三是安排专家、学者担任实习导师,进行跨境电商业务全流程指导,帮助从业者尽快掌握跨境电商运营技术和操作技能等。四是根据企业多样化需求,开展定制化、个性化跨境电商短训班,满足对跨境电商人才的多样化需求。

(四)行业商协会要建立"目标统一、平台广阔、服务到位、力量多元"的合作格局

一是鼓励淮安本地各行业商协会联合成立跨境电商协会联盟,发挥协会资源优势,定期举办各类交流培训活动,解决企业间信息不对称问题。二是搭建行业商协会会员资源平台,促进会员之间在跨境进出口、金融保险、支付物流、直播营销等环节进行资源整合和业务合作。三是深入跨境电子商务综合试验区,定期为人才需求单位送政策、送服务、送技术、送人才等,提供多元服务。四是对接跨境电商企业人才需求,充分利用省内外、国内外知名机构及资源,开展人才培训、交流、输送等活动,搭建人才自由畅通流动的服务平台。

淮安市商务局

关于中韩(盐城)产业园与自贸试验区联动创新发展的调研报告

一 中韩(盐城)产业园建设基本情况

中韩(盐城)产业园总体规划面积50平方公里,空间布局为产城融合核心区——国家级盐城经济技术开发区42平方公里和临港产业配套区——大丰港区8平方公里。2021年5月28日,中韩(盐城)产业园正式获批成为中国(江苏)自由贸易试验区(以下简称"江苏省自贸试验区")57个联动创新发展区(以下简称"联创区")之一。自获批以来,中韩(盐城)产业园认真贯彻落实江苏省自贸试验区工作领导小组第3次会议精神,紧紧围绕江苏省自贸试验区工作办公室3号文件关于支持联创区建设的要求,依托中韩(盐城)产业园建设机制,以复制推广全国及江苏省自贸试验区改革试点经验成果为抓手,加快构建现代产业体系,不断提升贸易便利化水平,致力打造高水平开放平台,联创区建设取得了积极成效。

一是特色化改革实践不断深入。推广复制32条江苏省自贸试验区联创区创新实践案例,全面承接落实14个省级赋权联创区事项。推行"容缺＋信用承诺",287个服务事项下沉一线"就近办",时限压缩80%,提供企业开办、工程建设项目审批等全流程"一站式"服务。建设外国人来华工作"一站式"服务专区,2021年全年办理邀请外国人来华1300多人次。依托省市共建的中韩(盐城)产业园发展基金,支持园区重大项目和重点工程建设,累计成功投资项目28个,项目落地总规模146亿元。中韩(盐城)产业园发展基金被评为2020中国最佳政府引导基金之一。深入实施"科技创新突破年"五大行动,上海电器科学研究所江苏分院、润阳光伏研究院建成运营,新增科技型中小企业222家,引进高层次"双创"人才169名,技术合同成交额、全社会研发投入占地区生产总值比重均居全市前列,高新技术产业产值占比提高21个百分点。

二是多元化开放格局加快构建。深挖中韩自由贸易协定(FTA)政策潜力,抢抓RCEP机遇,先后与韩国新万金开发厅、开发公社形成合作备忘录,与韩国产业通商资源部、大韩贸易投资振兴公社等建立常态化合作交流机制,成功获批全省首批中日韩(江苏)产业合作示范园区,加快打造中韩高端产业合作新高地、国家全面对外开放示范区、中韩贸易投资合作先行区。2021年,中韩(盐城)产业园实际使用外资额4亿美元,占全市实际使用外资额的1/3,其中实际使用韩资1.7亿美元、增长53.0%;对韩国进出口总额14.0亿美元,其中对韩国进口额5.6亿美元、增长21.7%,对韩国出口额8.4亿美元、增长18.3%。

三是集群化产业体系逐渐形成。坚持产业强区、项目为王主路径,瞄准韩国优势产业,全力主攻韩国大企业大集团,坚定不移招龙头、强链条、优质态,彰显对韩国合作主标识。2021年,新签约重点韩资项目8个,总投资20.1亿美元的SK动力电池项目一期顺利投产,总投资25.3亿美元的SK动力电池项目二期正式开工,成为盐城市近年来最大的使用外资项目。起亚汽车整车出口"一带一路"沿线国家,开辟了48个国家的出口市场。2022年开年,韩国起亚株式会社签署扩大投资合作协议,计划新增9亿美元组建新合资公司,开启新合营时代。目前,中韩(盐城)产业园已形成以起亚株式会社为龙头,韩国SK海力士、韩国现代摩比斯、法国佛吉亚、美国德纳等外资企业集聚发展,汽车、电子信息、新能源、智能制造等主导产业链式集聚协同发展态势。

四是高端化载体平台效益凸显。聚焦"一带一路",举办中韩贸易投资博览会、江苏—韩国企业家合作交流会、中韩公共外交论坛、"一带一路"商协会圆桌会议(盐城)峰会等高级别合作交流活动。中韩贸易投资博览会获评国家品牌展会,三届中韩贸易投资博览会参展参会人数超过7万人次,贸易成交额近55.5亿美元,签约产业项目191个,总投资额超过2 293亿元,对韩经贸交流合作成果不断扩大。韩风国际文化名城、未来科技城、国际医院和汽车综合体等项目加快推进。

二 中韩(盐城)产业园联动发展环境分析

一是自贸试验区制度型开放速度加快。当前,江苏省自贸试验区正对标《全面与进步跨太平洋伙伴关系协定》(CPTPP)、《区域全面经济伙伴关系协定》(RCEP)、《数字经济伙伴关系协定》(DEPA)等高标准国际经贸规则,围绕投资、货物贸易、服务贸易、电子商务、竞争、环境等重点领域,积极争取国家支持开展试点。自贸试验区要在多个重点领域取得突破,打造具有全球影响力和国际竞争力的支撑体系和生态环境,必须依托联创区,在更大范围内形成整体效益,实行差别化探索,开展互补和对比试验,激发高质量发展内生动力。

二是盐城市正构筑全方位对外开放新格局。盐城市将高起点规划建设长三角一体化融合发展示范区,以常州盐城工业园区和南海未来城为核心,带动大丰经济开发区、沪苏大丰产业联动集聚区、大丰港经济开发区和苏州盐城沿海合作开发园区,打造融入全省、对接长三角城市群的主阵地、南北合作新标杆。高标准建设616平方公里黄海新区,形成以先进制造业、现代港口物流为主体的现代产业体系,建设盐城产业新高地、城市发展新空间。中

韩(盐城)产业园可联合长三角一体化产业发展基地、黄海新区共同组成与自贸试验区联动发展的"三驾马车",主动融入长三角产业创新体系,实现联动发展,承接自贸试验区溢出资源,集聚更多发展资源。

三是中韩(盐城)产业园联创发展基础更加厚实。中韩(盐城)产业园可以发挥中韩 FTA 政策优势,在市场准入、标准互认、规则对接等方面率先进行自贸试验区政策推广复制和先行先试,并与自贸试验区在通关、检验检疫、物流体系、标准之间进行对接和互认,共同提升贸易和投资领域的自由化水平。盐城港"一港四区"全部成为国家一类开放口岸,获批中国跨境电子商务综合试验区、国家外贸转型升级基地。联创区可以发挥自身资源禀赋和特色优势,依托各类开放平台,在贸易功能、产业链价值链、投资贸易便利化和高端生产要素等方面进行全面合作对接。

三 中韩(盐城)产业园与自贸试验区联动创新发展工作思路及建议

(一)加强园区与自贸试验区联动改革,夯实联动发展制度基础

园区要实现与自贸试验区联动发展,首先要在制度上强化改革,实现改革机制的全面对接。园区应深入研究梳理自贸试验区成功经验,落实好支持联创区建设的若干措施,结合实际明确复制推广自贸试验区政策的主要方向和重点领域,制定分层次实施的改革试点政策清单,切实做好改革经验的复制、推广、叠加和创新工作。深入了解企业诉求,聚焦项目审评、土地规划、人才申报等重点高频事项,积极向上争取省级管理事项。同时,利用好国家级经济技术开发区改革自主权,进一步深化"放管服"改革,推进"证照分离"改革,建立健全事中事后监管体系,推进投资贸易自由化、便利化,营造国际化营商环境。聚焦贸易、投资、金融、人才等重点领域,主动与自贸试验区共同开展改革创新实践,共同向上争取国家、省改革试点任务,加快形成联动创新新机制。

(二)加强园区与自贸试验区联动开放,共同构建高水平开放新格局

园区应对标高标准国际经贸规则,共同探索先行先试,围绕《全面与进步跨太平洋伙伴关系协定》(CPTPP)、《区域全面经济伙伴关系协定》(RCEP)等高标准国际经贸规则,聚焦投资和贸易等重点领域,与自贸试验区共同探索高水平制度型开放先行先试。抢抓中日韩首次建立自贸关系新机遇,发挥中韩(盐城)产业园载体优势,落实 RCEP 约束性义务,编制鼓励性义务先行清单,探索更高水平制度型开放举措,积极打造 RCEP 实施先行示范区。要以更广阔的国际视野,实现内外联动开放发展,一方面要发挥中韩(盐城)产业园作用,在中韩 FTA、中韩产业合作、服务业扩大开放等方面大胆开展差异化探索和对比互补试验,总结形成一批具备盐城特色的改革创新成果,努力打造全省开放和国际合作的示范窗口。另一方面要发挥沪苏大丰产业联动集聚区、苏州盐城沿海合作开发园区等共建园区载体功能,加强与中国(上海)自由贸易试验区、江苏省自贸试验区苏州片区的交流合作,带动产业、资本、人才、科技等要素跨区域合理流动和优化配置。联创区要学习借鉴自贸试验区口岸开放创新政策,研究探索新的开放领域,加强关联港口、航空货运、中欧班列等方面的合作,协力提升口岸开放能级。

(三)加强园区与自贸试验区联动发展,促进产业链价值链有效对接

深入研究自贸试验区和园区产业特点,主动寻求和创造产业联动发展机会,共同实现"全产业链"联动发展。联创区要加快实施重点产业链培育行动计划,主动与省"产业强链"三年行动计划、"百企引航、千企升级"行动计划、产业基础再造和产业链现代化重大项目对接,依托四大主导产业,加强创新链和产业链深度对接,打造汽车、新能源海上风电资源开发和装备研发制造、电子信息等先进制造业集群。主动与自贸试验区以构建全产业链为目标,强化电子信息、高端装备、新一代信息技术等重点产业合作,联合招引优质内外资重特大项目,协同打造产业高质量发展示范区。园区要加快推进制造业智

改数转,引导建设省级智能示范车间、智能制造示范工厂,大力发展信息技术服务、数字内容服务出口、离岸服务外包等数字贸易,提升产业数字化、数字产业化水平,与自贸试验区协力打造数字经济创新发展新高地。坚持统筹互补发展原则,与自贸试验区协同发展科技创新、产业金融、科技服务、人力资源等现代服务业,加快推进服务业提质增效。

(四)加强园区与自贸试验区联动创新,高质量集聚产业转型发展新动能

围绕主导产业发展方向,与自贸试验区共同开展战略性、前沿性、关键核心技术研发,共同申报核心技术研发和重大科技成果转化项目,提升自主创新能力。积极融入区域创新体系,大力发展"域外创造+盐城制造""研发特区联盟"等研发合作新模式,拓展提升上海、南京等地盐城研发中心功能,共建公共研发、设计、实验、检测等科创平台,加强科创领域交流合作,吸引科技成果到联创区内跨区域转化。协同发展外贸新业态,发挥中国跨境电子商务综合试验区和对韩合作优势,加快推进自贸试验区跨境电商零售进口退货中心仓模式,开展跨境电商企业对企业直接出口、跨境电商出口海外仓监管、保税仓直播销售等跨境电商新模式。加强与自贸试验区、其他联创区的跨境电商业务合作,推进跨境电商服务企业服务库、贸易载体、跨国物流等方面的联网共建,为跨境电商企业提供完善的配套支持。

(五)加强园区与自贸试验区联动推进创新,系统提供联动发展新保障

与自贸试验区联动创新发展是一项系统性工程,要加强统筹协调,建立高效、顺畅、有力的工作推进机制,及时推动解决联创区建设中的突出问题。一是要建立健全联动创新工作机制。紧密结合自身定位和发展规划,进一步完善工作方案,提出向上对接争取事项,明确工作重点、时间安排和责任部门,踏实稳步推进联动创新工作。二是要自主探索差异化发展路径。探索建立差异化推进机制,发挥中韩(盐城)产业园发展协调小组协调作用,加强与江苏省自贸试验区工作领导小组沟通对接,积极争取中韩(盐城)产业园发展

重点发展事项纳入自贸试验区建设重点事项范围,协调解决发展过程中遇到的问题,争取开放创新试点政策,形成推进合力。探索建立差异化国际园区合作新模式,以中韩 FTA 为框架蓝本,对标 RCEP 等标准和政策,围绕产业合作、国际人文交流、贸易新业态、跨境资金便利流动、国际化营商环境等重点领域,探索形成一批首创性、集成化、差别化制度创新成果。探索建立差异化的载体平台,建设好中日韩(江苏)产业合作示范园区,延伸与日本企业集团、行业协会全方位战略合作。加快盐城跨境电子商务综合试验区建设,充分发挥"1+4+N"核心区功能,大力发展中韩跨境电子商务,建设盐城市跨境电商展示展销中心和中韩跨境贸易集散中心。加快推进综合保税区五大中心建设,做好内外联动以及与机场、港口的多方联动,鼓励向营销物流、检测维修等产业链上下游延伸。三是要加强联动创新所需要的智力支持和人才培养。园区建设过程中要注重引进精通国际经贸规则、具备国际交往对话能力的高层次管理人才和一流专家学者,努力打造视野开阔、理念先进、创新意识强的管理团队。参照江苏省商务厅做法,加强与知名高校院所的合作,共同成立盐城联创区建设研究院,为盐城联创区政策制定、制度创新、产业发展、人才培训等提供智力支持和人才支撑,为盐城市委、市政府重大决策提供咨询参考。

盐城市商务局

关于推动"扬州货扬州出"提升港口外贸运量的对策与建议

习近平总书记强调:"港口是基础性、枢纽性设施,是经济发展的重要支撑。要志在万里,努力打造世界一流的智慧港口、绿色港口。"港口兴,则产业兴,港口强,则经济强。为进一步践行新发展理念、服务新发展格局,深度融入上海国际航运中心和长三角一体化、长江经济带建设,加快提升扬州港在长江港口群的竞争力,扬州市商务局(口岸办公室)就推动"扬州货扬州出"课题,深入外地先进港口和本地码头、企业、代理等一线走访调研,形成如下调研报告。

一 芜湖港集装箱做大做强的经验做法

安徽省芜湖港位于青弋江、运漕河与长江汇合处,与扬州港同为内河枢纽港,地理条件类似,发展基础相近,但近年来发展势头良好,2022年实现集装箱吞吐量125万标箱,与2014年40万标箱相比,年均增幅达10%(扬州港近几年年均增幅仅4%)。芜湖港的主要成功经验:一是得益于港口设施的改造升级。近年来,芜湖港先后兴建了6个集装箱专用泊位、3个件散货泊位等一批现代化码头,2020年10月,获批港口型国家物流枢纽,2021年9月,上港集团—安徽港航集团芜湖集装箱联合服务中心揭牌运营,主营白色家电类、汽车类、粮食类、"散改集"类和"陆改水"等业务。2009年,引进上海国际港务(集团)有限公司集装箱码头运营系统(TOPSCV3.0);2021年5月,完成TOPS 5.0系统升级,实施三期20万平方米智能远控堆场项目建设,配置8台半自动化远控场桥及海关H986系统,生产保障能力和信息化应用水平不断提升。二是得益于临港产业的有力支撑。芜湖港周边集聚了安徽江淮汽车集团股份有限公司、京东方科技集团股份有限公司、芜湖美的厨卫电器制造有限公司、芜湖美菱电器营销有限公司、奇瑞汽车股份有限公司、格力电器(芜湖)有限公司、安徽海螺水泥股份有限公司等一批大型工业企业集装箱业务遍及合肥、宣城、六安、铜陵、池州、安庆等地。据统计,安徽省江北地区货源以约18%的年增长速度在芜湖港进出口。三是得益于优质的口岸营商环境。近年来,芜湖市先后出台物流、集装箱等扶持政策,每年投入近8 000万元扶持资金,在航线、货主、码头、铁水联运等方面给予全方位支持,有力促进了"皖货皖出"的实现。2021年,芜湖港实现区块链无纸化进口放货,成为全国首家实现区块链无纸化进口放货的内河港口,通过线上服务、无接触服务提高物流效率,降低物流运输成本,主要进口电商货物港航单证平均办理时间由2天缩短至4小时以内。

二 "扬州货扬州出"总体情况

(一)集装箱码头基本情况

一是港口软硬件配套基本完善。扬州港集装箱业务由扬州远扬码头国际有限公司(以下简称"扬州远扬")经营。目前,扬州远扬拥有集装箱专用泊位2座[扬州港4#泊位(对外开放)、5#泊位],配有各类设备20余台,后方配套专用堆场25万平方米,年吞吐能力100万标箱,2022年完成60.9万标箱。二是港口集装箱周转效率逐年提升。扬州港服务客户约为 270 家,其中,本地客户占 86%。开通扬州—洋山、扬州—外高桥 2 条点对点直达航线,扬州—九江、扬州—蚌埠、扬州—济宁 3 条内贸航线,每周集装箱航班 45 班次。目前从扬州港到洋山港最快的班轮仅需 20 小时,正常周转时效为 2~3 天。三是港口运行质态良好。受海运费下降、上海疫情等多方因素影响,2022 年,上海部分港集装箱回流至扬州,晶澳(扬州)太阳能有限公司、迈安德集团有限公司、扬州诚德钢管有限公司等企业陆续改经扬州港装船出运的货物 1.2 万多标箱,迪皮埃风电叶片在港装卸突破千片。2022 年,扬州港实现外贸集装箱吞吐量 16.33 万(重箱+空箱),同比增幅 22.43%。

(二)货主货代企业基本情况

据了解,扬州市共有各类外贸企业 3 000 家左右,年产外资集装箱约 20 万标箱,其中外贸集装箱业务量较大的主要有海信容声(扬州)冰箱有限公司、永丰余造纸(扬州)有限公司、晶澳(扬州)太阳能有限公司等 35 家左右。年产外贸集装箱约 13 万标箱,约占全市外贸集装箱总量的 65%,具有强代表性。从选择口岸看,35 家重点企业从扬州港进出的箱量为 8.3 万标箱,占年产量的 63.8%,从上海港、南京港进出的箱量为 4.7 万标箱,占年产量的 36.2%;以中外运物流有限公司、技术众诚国际物流有限公司扬州分公司、扬州航华国际船务有限公司等为代表的 6 家重点货代企业代理从扬州口岸进出箱量(重箱)为 10.56 万标箱,占全年外贸集装箱吞吐量的 64.7%。

(三)外贸箱贸种资源分析

一是货种。2022 年,扬州市外贸集装箱进口货种主要为原木、板材、纸浆、牛皮等,运量为 5.76 万标箱,占比 35.3%;出口货种主要为冰箱、洗衣机、商品箱农用机械、机床、汽车配件、电动工具、光伏组件、家具家私等,运量为 10.57 万标箱,占比 64.7%。二是货源。扬州市外贸集装箱货源除扬州地区外,还包括淮安、宿迁、连云港南部、盐城西部及安徽东北部地区,辐射范围较广,但总体揽货量不多,没有形成枢纽港。

三 制约"扬州货扬州出"的主要因素

（一）基础配套薄弱

目前扬州港仅有2个3万吨级集装箱泊位，堆场不足400亩（1亩≈667平方米），预留用地不足600亩，远低于2 000亩配套标准。公共码头年吞吐量已超过每米2万吨，迫切需要改造提升产能，但由于公共码头区的泊位未能连片布置，缺乏改造腾挪的空间，无法形成规模效应。因部分货主码头和船厂经营不善或业务转型，港口岸线使用效率（效益）普遍较低。另外，扬州市目前没有引航站、外贸锚地和进境指定监管场地，欠缺相关危化品运输资质等，导致运输货种不全，吞吐量不高。

（二）贸易条款限制

贸易条款由买卖双方签订，对进出口货物运抵达港口起决定性的作用。以离岸价（FOB，船上交货价）条款为例，该条款是指由国外收货人承担海运费用，指定负责全程物流的国际货运代理公司、干线船公司以及国内出运的港口。而扬州很多外贸企业缺乏贸易及物流主导权，收货人处于强势地位，往往指定上海等一线大港口，很少指定扬州港为国内出运港口，导致箱量流失现象较为严重。

（三）时效及便利因素影响

一是扬州部分外贸企业的货源分散在全国各地，该类企业一般选择货源所在地口岸出口，即生产企业所在地口岸就近出口，而不会将其货物拉回扬州港进出，否则将会面临巨大的物流成本。二是扬州有些外贸生产型企业（生产基地）的物流运输、招标等会在总部进行，扬州本地货物代理和物流企业参与度不够，导致部分货源流失至其他港口。三是高邮、宝应等地外贸企业会就近选择连云港等港口出运，仪征等地企业会就近选择南京港口出运。

比如,宝应蔬菜一般出口至日本、韩国等,会选择从连云港口岸出运(连云港有多条到日本、韩国的近洋航线),这样更为方便快捷。

(四)扶持政策影响

随着长江港口间市场竞争的日趋激烈,各港口所在地政府纷纷出台优惠政策。南京港、太仓港等省内大港均有省级政策的大力扶持,这导致扬州市本地企业从扬州港运输与经公路运输到苏南、上海等地港口装船的成本差不多,但这些外地的港口航班多,企业选择余地大,对扬州港开发本地货源十分不利。江阴、泰州、宿迁、淮安等城市当地政府出台了大力度的集装箱物流补贴政策,进出口企业势必会选择成本更低、政府奖励力度更大的港口出运。

(五)体量小无规模优势

一是"货少"。扬州港产城融合度不高,相对于周边的南京、苏州、常州、泰州等地,扬州腹地货源量不足,且分布较散,缺少生成箱量较大的企业。目前,百亿规模且有集装箱生成量的企业只有晶澳(扬州)太阳能有限公司、远东仪化石化(扬州)有限公司,而这两家企业的大部分出口目前还不在扬州港。二是"箱少"。空箱调配由船公司主导,企业被动选择有空箱的港口或铁路出货,且空箱资源有限,会影响出货的时效性。另外,扬州驳船的时效性不如上海港、南京港等一线港口,在衔接大船上存在落配的风险,不能满足出运需求,所以,船公司、港口为了加快箱柜的周转,会选择走集装箱卡车和海铁联运方案。

四、推动"扬州货扬州出"提升港口外贸运量的对策建议

(一)高点定位,固本强基夯实港口发展"压舱石"

一是明确领导机制。建议由市委、市政府层面统筹开展扬州港规划建设,成立由市委、市政府主要领导为组长,市政府分管领导为执行组长的扬州

市集装箱枢纽港规划建设工作领导小组,由扬州市发展改革委牵头开展扬州港规划建设、规划审批、项目立项等系列工作。二是强化基础建设。提升港口基础设施建设,提高进出港及在港期间的货物周转效率。协调推进与内河港口的合作,对京杭大运河、淮河沿线重要岸线码头同步进行改造升级,实现与扬州港联动发展。三是优化岸线布局。因地制宜布局港区建设,清理整治违法占用岸线、港口后方陆域行为,提升港口后方堆场生产能力,对利用率低、贡献度小的码头企业进行整合升级。加大与长江引航中心、长江海事局、长江航务管理局、交通运输部的对接力度,争取交通部尽早立项。

(二)创新突破,多措并举打出运量提升"组合拳"

一是强化扶持政策。借鉴周边兄弟城市做法,制定实施阶梯式、递进式扶持政策,对3 000标箱以上的企业进一步加大奖补力度,对外贸、内贸标箱一视同仁,全面引导企业"陆改水""散改集"加快货源回流,提高扬州货从扬州进出的比例。二是放大区位优势。充分利用扬州江河交汇区位便利,发挥水水中转低成本优势,积极开拓安徽、盐城、淮安等周边地区市场;支持宝应、高邮、江都等地区货物由连云港港、上海港等回流至扬州港进出。三是增设直航路线。加强与上海港、太仓港的紧密合作,争取在扬州港开通"天天班"扬州港到上海港、太仓港"点到点"航线航班。增加、优化扬州—上海、扬州—洋山五定班轮航线,将扬州港打造成上海港在长江下游的"空箱转运中心",落实1~2条点到点直达航线,给本地外贸企业提供本地化、一站式服务。

(三)精准精细,靠前服务当好外贸企业"店小二"

一是优化服务流程。借鉴"沪太通"模式,试点推进建立"沪扬通",即实现"货物运抵扬州港码头,即视同运抵洋山港码头",实现一次申报、一次查验、一次放行。整合码头、航运、车队、代理等各项物流资源,成立"扬货扬出"服务中心(服务联盟),从"各自为政"转为"抱团取暖",由服务中心(服务联盟)统一调度,提高效率。二是开展创新探索。结合江苏省和扬州市发展实际,探索实施多式联运"一单制"服务模式,支持港口企业、铁路部门、第三方物流企业联合成立多式联运平台公司,力争实现"一次委托""一单到底""全程负责"的一站式服务模式。三是加强企业回访。坚持问题导向、结果导向,对上海疫情期间回流扬州港出货的企业定期开展走访回访,及时了解企业诉求,现场会办经营难题,全力为口岸企业纾困解难。支持代理、港口码头物流企业为扬州市重点制造企业量身定制高效快捷的"个性化""一体化"物流服务方案,有效降低企业物流成本。

扬州市商务局

关于泰州市商务惠企政策落实和政务服务情况的调研报告

党的十八大以来,习近平总书记多次强调,要落实好纾困惠企政策,确保各项纾困措施直达基层、直接惠及市场主体。党的二十大报告提出,"推进高水平对外开放","营造市场化、法治化、国际化一流营商环境"。为扎实有效推进商务领域营商环境百日攻坚行动,深入对标找差,有力落实惠企政策和服务措施,推动商务高质量发展,本文就泰州市商务惠企政策落实和政务服务情况开展调研,基于各方面调研结果认真梳理总结,形成此调研报告。

一 商务惠企政策落实和政务服务现状

(一)调研总体情况

聚焦企业发展重点难点堵点痛点问题,通过开展专项排查、召开座谈会和发放调查问卷等多种形式,丰富调研信息来源渠道,全方面了解落实情况和突出问题。

专项排查由各市(区)商务部门和市局机关各处室开展自查自纠,填写自查表;座谈会抽取近年来享受过商务惠企政策的外贸、外资、外经和商贸流通企业了解商务政策落实和政务服务情况;调查问卷以网络问卷形式发放,向受访企业推送移动终端问卷调查二维码由各企业自行扫码填报,共收回有效问卷338份。

从各方面数据搜集情况来看,大部分市场主体对全市商务领域营商环境评价较高,71.90%的企业给商务领域营商环境打出10分最满意的高分,只有1.48%的企业打出了5分以下的低分,具体分值占比情况见图1。由此可见,泰州市商务局为了激发市场主体活力制定发布的一系列惠企政策、为了规范政务服务领域的突出问题强调的机关作风效能建设起到了很大作用。

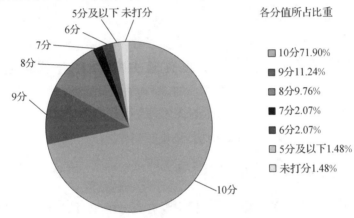

图1 泰州市商务领域营商环境总体评分情况

(二)商务惠企政策落实情况

2021年,泰州市商务局落实兑现中央和省级商务发展专项资金3 692.56万元,主要包括支持外贸稳中提质、引导服务贸易量质提升、鼓励对外投资与经济合作稳中有序、促进外资提质增效、推动现代商贸流通体系建设和促进消费等方面。落实市级重点专项扶持资金1 172.96万元,主要包括促进开放型经济高质量发展专项扶持、电子商务高质量发展专项扶持等方面。

2022年以来,已落实中央和省级商务发展专项资金957.08万元,市级支持资金1 639.31万元。后续,将根据惠企政策措施和申报指南积极组织企业申报,严格把关审核材料,及时拨付上级专项资金,积极协调本级重点项目,确保各项惠企政策落地生效。

(三)商务政务服务领域情况

近年来,泰州市商务局认真贯彻落实党中央、国务院决策部署和省委、市委工作要求,聚焦企业和群众迫切需求,秉承商务政务高效服务的理念,持续深化"放管服"改革,全面跟踪审批服务,探索对外贸易经营者"云上备案"和"一表双址"改革,基本做到办事服务只"跑"一次或一次都不用"跑",进一步提升了群众办事创业的便利性、获得感和满意度,大力提升了政务服务水平,优化了商务领域营商环境。

二 商务惠企政策落实和政务服务领域存在的问题

虽然在落实商务领域惠企政策和优化商务政务服务方面做了很多努力,但与企业的座谈和回收问卷也集中反映出一些问题。

(一)惠企政策制定缺乏科学性

不少企业反映:"在政策制定过程中没有充分征求过意见",很多惠企政策出发点是好的,但是在执行过程中才发现不接地气,不能满足企业的实际需求,不能解决企业的实际困难。具体体现在:

1. 精准施策力度不足

商务惠企政策发布渠道分散,精准推送尚未完全实现。在座谈会上,江苏罡阳股份有限公司代表反映:"我们听说有相关政策或信息,但是门户网站等媒体上查不到,即使找到了,面对查询到的政策手足无措。"由此可见,"散而多"的奖补条款理解难度大,不同政策的申请程序、申请标准存在差异,企业申报负责人难以吃透政策,无法快速、精准找到针对自己企业类型、奖补方向的惠企政策,难以实现"应享快享"。

2. 兑现机制不够完善

为了保障财政资金使用效益,在企业申报过程中,既需要线下纸质申报,又需要在"某企通"线上申报,材料众多、内容重复、手续繁琐。作为申报企业,提交的材料必须先通过县区商务部门、财政部门初审,然后到市级商务部门、财政部门汇总,再由第三方机构出具审核报告,最后经信用核查、公示等环节才能形成拟补贴名单,整个过程对于申报企业而言不可避免地带来等待时间长、层级繁琐、流程封闭等问题。

3. 政策设置门槛太高

在惠企政策的奖补方向上,很多都偏向于大中型企业,对小微企业关注度不够,"锦上添花"有余,"雪中送炭"不足。小微企业无论是创业初期站稳市场,还是扩大规模提档升级,都需要更多的资金维持运转和开拓市场,特别在新冠疫情影响下,小微企业面临着更为严峻的形势考验和生存压力,政策奖补资金对它们而言至关重要。

(二) 惠企政策知晓度不高

在搜集问卷结果中发现,不少企业反映:"不清楚有什么补贴事项,也不知道去哪里申请。"可见,如果宣传不到位,企业不知晓相关政策,那么即使政策再好也很难发挥应有的效力,惠企政策知晓度不高体现在以下几方面:

1. 政务公开方式不完善

泰州市各级商务部门政务公开方式存在较大差异,公开机制尚不够健全,一些惠企政策及配套措施分散公开,虽然可以通过市政府网站搜索到,但关联度不高,难以形成完整、连续的政策链。

2. 政策宣传力度不大

在宣传渠道上,惠企政策的宣传形式单一,光靠政府官方的信息渠道,而较少动员社会媒体参与,导致市场主体知晓率不高;在宣传方式上,光靠新媒体平台被动式地传播,而较少地到企业做主动式宣讲,导致政策宣传精准度不高;在宣传效果上,光靠灌输式地给企业发放系列惠企政策,而没有及时做好梳理、分类、总结,导致企业一头雾水,错失奖补机会。

3. 政策解读机制不健全

参与座谈的江苏海慈生物药业有限公司外贸专员反映:"目前信息不对称是一重大阻碍因素,对于部分重点政策的解读,政府部门不能照搬上级政策文件,需要给予一个交流沟通的平台有针对性地解读。"很多时候企业看到政策一知半解,尤其在执行层面不理解、不透彻等问题突出,极大地抑制了政策的有效发挥。加之,如果经办人员对惠企政策精神学习理解不透、把握不准、落实政策积极性不高,企业咨询时搪塞敷衍,就更不能有针对性地解决企业遇到的个性化问题。

(三) 政务服务缺乏主动意识

据调查问卷回收数据统计,"在商务系统政务服务窗口办事质量如何?"338 份问卷中 310 人均表示无问题,17 人表示"工作程序能简不简,审批环节多",具体结果见表 1。

表 1 商务系统政务服务窗口办事质量统计表

选 项	小计	比 例
办事人员政策掌握不准,业务不熟悉	9	2.7%
办事人员办事拖拉,工作敷衍	8	2.4%
工作程序能简不简,审批环节多	17	5.0%
应公开的政务服务事项不公开或公开不及时	8	2.4%
不一次性告知清单,让企业多次跑腿	8	2.4%
不给钱不办事,不请吃喝不办事,不表意思不办事	1	0.3%
其他问题	6	1.8%
不存在以上问题	310	91.7%
本题有效填写人次	338	

由此可见,经"放管服"持续改革,商务政务服务水平得到有效提升,办事企业对商务部门工作人员的工作态度大多数表示满意,但"门好进、脸好看、

事仍难办"的现象还时有发生,一些突出问题还不同程度存在。一是政务服务主动意识不强,"办事难、办事烦、办事慢"现象依然存在,主动服务的宗旨意识不强,事项压缩率还有提升余地,行政审批效率仍有待提高,如拍卖业务许可还不能一次性告知,"最多跑一次"不能完全实现。二是部分人员对优化提升营商环境的重要性认识还不足,政务服务窗口工作人员认为营商环境是大政策、大方针,跟自己的本职工作关联不大,思想认识不到位,业务能力不提升,对来访群众提问解答不明晰,对审批事项尺度把握不准。三是行政审批放权不到位,如废机动车回收企业资质认定要求可适当放宽,成品油零售经营资格审批要件材料可适当精简等,在降低门槛、缩短流程、精简要件、完善细节上还可深入优化商务审批环境。

三 优化商务惠企政策落实和政务服务对策建议

目前,国内外形势比较复杂,百年变局叠加世纪疫情,世界经济呈现"三高一低"的新特点,势必通过国际贸易、国际金融、国际投资、国际物流等渠道影响经济运行,对开放型经济带来不利影响。因此,落实好国家和省市相关政策,提升政务服务水平显得尤为重要而紧迫。

(一)加强对惠企政策的科学论证

一是建立健全常态化企业沟通联系机制。加密企业调研工作,在制定惠企政策时,不能简单地以"我觉得"作为衡量标准,而应邀请外资、外贸、外经和商贸流通等不同类型、不同规模的企业参与政策制定,采取座谈会、重点走访、政策宣讲等形式听取企业诉求,让惠企政策更接地气,更具实操性。

二是扩大惠企政策覆盖面。很多企业期盼商务领域能够出台政策范围更广、支持力度更大、申报程序更简化、申报流程更公开透明的惠企政策,特别是在政策制定上要向中小企业倾斜。围绕中小企业生产经营、安全生产、创新发展等方面的困难和需求,建立问题台账,精准制定化解措施,帮助解决中小企业发展过程中的痛点难点堵点问题,切实为企业排忧解难,推动企业发展壮大。

三是提高惠企政策的施策精准度。根据企业所属行业类型、适配惠企政策、资金奖补方向等,在企业前期投资注册或转型升级时,线上"点对点"推送政策,线下"面对面"解读政策,帮助企业及时、全面、准确掌握政策,注重各项政策措施的统筹衔接,给予企业一些发展方向上的引导,提高商务惠企政策推送的精准度。

(二)加大对惠企政策的宣传力度

一是强化政务公开方式。各级商务部门要通过多种渠道、多种形式加大对商务领域惠企政策的宣传力度,营造良好的营商环境。要切实解决政府部门与申报企业信息不对称的问题,凡可以公开的政策文件原则上要于印发当日在部门网站上发布,并在专版专栏同步公开,方便企业查找。各级商务部门要结合实际,主动上门到相关企业进行宣讲,让企业及时知晓政策,精准组织申报。

二是丰富惠企政策宣传形式。除了传统的新闻或政府网站公告形式外,还应增加群众更能理解、更能接受的新媒介,比如微信群、微博、抖音、快手等传播媒介,发放包含中央、省、市商务惠企政策文件的商务领域惠企政策汇编,用一本台账将所有商务领域惠企政策讲清楚、讲明白。通过传统媒介与新兴媒介的结合,使商务惠企政策宣传更加人性化、开放化、全面化。

三是创新政策解读方式。除了通过政府信息公开"政策解读"专栏发布外,还可根据工作实际,邀请相关领域专家解读政策,或通过部门负责同志在地方主流媒体上采取撰稿解读、政策问答、在线访谈、答记者问等形式扩大解读范围,创新解读方式,拓展公众知晓率。通过印发汇编、网上公布、企业走访等多种方式打通惠企政策"最先一公里"的堵点,扩大企业知晓面,让政策直达企业、精准推送。

(三)完善惠企政策的兑现机制

一是优化惠企政策资金拨付管理规定。进一步简化工作流程,缩短资金拨付时限，对政策申报争议事项确定快速审定、进度告知等流程，逐步探索实行网上申报，避免重复申报，减少资源浪费，提高惠企政策申报的便捷性。在服务方式上，从等企业上门申报，变主动提醒或帮助企业申报，有的奖补项目甚至可以到企业现场办公，转变服务理念。

二是建立动态梳理机制。疫情以来，由于外出参展活动、"走出去"机会减少，像原先申报火爆的"参加国际展会扶持项目"逐渐"无人问津"，要与时俱进根据国内外经济形势有针对性地调整政策内容，比如聚焦疫情防控补贴、中国出口信用保险补贴、外贸企业"走出去"、绿色商超、餐饮企业促消费、一刻钟便民服务店等方面及时修订出台让企业得到更多实惠的奖补政策。

三是完善政策资金绩效评价机制。探索建立政策资金全过程绩效管理模式，开展事前绩效评估，事后绩效评价，对使用率低于90%的资金适当考虑压减资金或调整政策，提高资金使用效益。加强绩效评价结果应用，把评价结果作为资金支付、预算安排和政策调整的重要依据，让政策惠企的规范性、公平性、实效性更加完善。

（四）强化政务服务的保障措施

一是提升商务政务服务力。以此次商务领域营商环境百日攻坚行动为契机，强化主动服务意识，当好"店小二"，不断提高服务质量，提升软环境；强化服务窗口工作人员能力素质，尤其是对于承担行政审批的工作人员要加强业务指导，定期培训；对服务窗口办理事项充分授权，将对外贸易经营者备案登记、单用途商业预付卡备案等事项实现"一窗受理、一表申请、一套材料、一次提交、一回办成"，让数据多跑路，让企业群众少跑腿，提升政务中心窗口服务效率。

二是大力推行电子政务。进一步健全"互联网＋政务服务"管理体系，大力推行"不见面审批"，优化"不打烊"服务，积极探索"休息时间预约办理""寄送到家""送证到企"等优化服务企业措施，积极推进外商投资企业注册登记、年报数据报送在线指导，切实提高企业办事效率和群众满意度，进一步提高政府的治理能力和服务水平。

三是强化商务政务服务督查机制。建立健全问责和监督机制,加大对商务政务服务的监督检查,聘请商会或企业代表作为政务服务监督观察员,对全过程进行动态评价,引入绩效管理模式;联合纪检组、审计部门或引入第三方不定期开展政务服务微督查、微整治,对监督中发现的干部履职不当、落实不力甚至权力寻租等问题,及时督促整改,加大追责力度,以常态化的督查整治营造长效的优良商务环境。

泰州市商务局

抢抓 RCEP 机遇,坚定不移地扩大对外开放合作

《区域全面经济伙伴关系协定》(RCEP)实施以来,镇江市对 RCEP 成员国进出口显著提升,但也面临着市场竞争更加激烈、经贸规则运用难度更大、产业转型升级压力更大、产业转移势趋势更加明显、国际化人才更显缺乏、经贸风险更难管控等问题,亟须强化协调机制,完善公共服务,扩大贸易规模,发展贸易新业态,深化服务贸易合作,优化产业链布局,高质量实施 RCEP。

一 镇江市与 RCEP 成员国的经贸合作基本情况

RCEP 于 2022 年 1 月 1 日正式生效。为推动 RCEP 高质量落实,镇江市积极落实党中央、国务院和省委、省政府决策部署,建立了 RCEP 跨部门协调推进机制,制定出台了细化落实方案,积极引导镇江市企业充分利用 RCEP 深耕区域市场,持续深化镇江市与 RCEP 成员国的经贸合作,各项推进工作正有序开展,并取得初步成效。2022 年 1—5

月,镇江市对 RCEP 成员国进出口额 131.5 亿元,同比增长 27.9%,占全市进出口总额的 32.8%。企业申领 RCEP 原产地证书 823 份,享惠进出口额 5.2 亿元,享受进出口关税优惠 621.0 万元。新增实际使用 RCEP 成员国外资额 2 819.0 万美元,同比增长 72.4%,占全市实际使用外资的 12.3%。累计对 RCEP 成员国投资项目 23 个,中方协议投资额 3.3 亿美元,占全市的 16.1%。

二 扩大对 RCEP 成员国经贸合作面临的挑战

镇江市企业在利用 RCEP 市场开放承诺和规则,扩大对 RCEP 成员国进出口贸易,深入参与区域产业链、供应链合作,推动产业提质升级的同时,也面临不小的压力、困难和障碍:

一是市场竞争更加激烈。例如,我国在 RCEP 的服务贸易开放承诺达到已有自由贸易协定的最高水平,承诺服务部门数量在我国入世承诺约 100 个部门的基础上,新增研发、管理咨询、制造业相关服务、空运等 22 个部门,并提高金融、法律、建筑、海运等 37 个部门的承诺水平。可以预见,新加坡、日本等域内服务贸易强国将借 RCEP 东风大力开拓我国服务市场。而目前镇江市服务贸易份额较大的是商业、旅游和运输等传统行业,知识密集型、技术密集型服务贸易市场份额占比较小,缺乏在全国乃至全球具有较强市场竞争力的服务贸易龙头企业,服务贸易领域自主创新能力偏弱,仍处于全球产业链和价值链中低端,因而将面临极大的竞争压力。

二是经贸规则运用难度更大。RCEP 实施后,其关税减让将与其他优惠贸易协定(安排)关税减让并行实施。每项优惠贸易协定(安排)都有自己的关税减让清单和原产地规则,同一项货物在不同协定下将对应不同的降税水平和原产地规则。各进出口企业需要根据自身情况,对 RCEP 及其他优惠贸易协定(安排)进行综合评估、比较,才能制定最优策略,充分利用优惠政策,达到经济收益最大化。而企业普遍反映对相关经贸规则理解不透,缺乏实际操作经验。以韩国原产货物为例,RCEP 生效后,中国与韩国之间的优惠贸易协定将有RCEP、《中华人民共和国政府和大韩民国政府自由贸易协定》《亚太贸易协定》三项。进口企业自韩国进口货物时,需要对三者进行全面研究、综合研判。

三是产业转型升级压力更大。随着RCEP关税减让的逐步实施,关税壁垒已逐步消除,但是各成员国出于不同目的而设置的非关税壁垒,尤其是技术性贸易壁垒(TBT)却逐步增多,导致出口企业因无法达到技术标准而无法出口,事实上难以享受优惠关税。

四是产业转移势趋势更加明显。为了规避贸易摩擦惩罚性关税、适应国外客户国际产业链布局调整、利用国外先进技术和人才资源、寻求更低的生产成本以及更便捷地开发目标市场,镇江市企业"走出去"步伐势不可挡,自2018年中美贸易摩擦以来更是迅速加快。例如,江苏锐升新材料有限公司在越南投资7 500万美元生产高科技地板,江苏沃得农业机械股份有限公司在泰国投资5 000万美元生产农用机械,建华建材(中国)有限公司在越南投资4 800万美元生产预应力离心混凝土桩,江苏鼎胜新能源材料股份有限公司在泰国投资4 500万美元生产高端铝箔。

五是国际化人才更显缺乏。现阶段,国际化复合型人才缺失是企业"走出去"和跨国经营最严重的短板之一,也是掣肘企业实现国际化最重要的因素。全球10大跨国公司国际化员工平均比例为93%,而镇江市企业仅为10%左右,约64%的受访企业将此问题列为"最大困难"。

六是经贸风险更难管控。境外投资涉及投资、建设工程、雇工、环境保护、审批、签证、交易时间、地域、时差、文化和语言等多种问题,做好详尽、真实的调查对企业实力是个巨大挑战,否则将会给项目投资埋下极大隐患。目前,全市仍处于正常经营状态的"走出去"企业和项目共计108个,仅占"走出去"备案企业和项目的1/3。

三 高质量实施RCEP的对策建议

随着协定实施的深入,关税减让进一步到位,RCEP的贸易红利还将持续释放,也将为 RCEP 成员国之间进一步深化合作提供持久动力。镇江市商务局将会同相关部门按照上级部署,做好高质量实施 RCEP 相关工作,积极倾听企业诉求,帮助指导企业解决享惠受阻等问题。

一是强化协调机制。建立跨部门协调推进工作机制,分领域、分行业持续开展 RCEP 解读和宣讲,帮助企业提升对 RCEP 有关政策和优惠措施的理解和运用能力;定期做好对 RCEP 成员国进出口监测分析,加强 RCEP 规则"一国一策"跟踪与研究,按照职责分工及时出台推进措施,合力推动 RCEP 落地实施。

二是完善公共服务。依托行业协会、重点龙头企业、各类友好合作组织,结合镇江市企业对外贸易和双向投资发展的需求,支持在 RCEP 成员国设立区域海外联络点,服务于镇江市企业投资贸易及开拓海外市场工作;鼓励引导镇江市法律服务机构为企业提供 RCEP 落地过程中的合规性法律支持;依托商务部贸易摩擦"四体联动"应对工作机制,有效指导企业应对 RCEP 贸易救济调查案件,维护合法权益;加强与国际检测认证机构合作,围绕镇江市产业发展全面提升检验检测的能力水平和平台服务,帮助企业及时对研发产品的性能进行摸底测试,为出口企业提供技术解决方案,加强对技术性贸易壁垒的应对能力。

三是扩大贸易规模。用好协定关税减让安排和原产地规则,聚焦首年零关税和 5 年内降税明显的商品,特别是中国和日本在 RCEP 下首次达成双边关税减让安排,编制《镇江市 RCEP 成员国市场重点商品贸易机会清单》,巩固传统产品出口优势,扩大机电产品、高新技术产品出口占比。扩大对 RCEP 成员国先进技术设备、原材料、中间产品、优质消费品进口,打造区域性进口商品集散中心。

四是发展贸易新业态。推进跨境电子商务综合试验区建设,鼓励企业在 RCEP 成员国建设"海外仓",提高海外仓数字化、智能化水平,加强"跨境电商＋海外仓"模式出口;鼓励跨境电商出口企业加大研发、设计投入,提升品牌意识,实现品牌出海;推动优质产业对接 RCEP 成员国跨境电商渠道,实现跨境供应链升级,加速海外品牌推广,提升区域影响力。

五是深化服务贸易合作。推进国家全面深化服务贸易创新发展试点、国家数字服务出口基地、国家服务外包示范城市建设。加强与RCEP成员国在运输服务、软件信息、旅游会展、教育等领域的服务贸易合作。进一步巩固并拓展生物制药、动漫和半导体保税检测服务出口。扩大研发设计、产品维修、管理咨询、专业设计、现代物流、商贸会展、文化旅游等服务业合作。支持RCEP成员国相关机构在镇江市发起设立各类私募投资基金,利用外商投资股权投资企业(QFLP)政策投资本地企业项目。

六是优化产业链布局。聚焦RCEP重点开放的投资领域,充分利用原产地区域累积规则等统一的经贸规则,鼓励引导有色金属加工、汽车配件、工程电气、服装、家具家装等优势对外投资产业、行业向RCEP成员国集聚,抱团出海,并在一些行业上重塑国际产业链,参与行业标准制订。

镇江市商务局

关于宿迁市服务贸易发展情况的调研报告

近年来,随着经济全球化,服务贸易迅速崛起,在国家或地区经济贸易活动中占据重要位置,成为经济增长的动力源泉。为全面了解宿迁市服务贸易发展情况,自 2022 年 8 月中旬以来,宿迁市商务局先后到宿豫区、宿迁市经济技术开发区、湖滨新区商务部门和部分重点企业调研座谈,深入了解宿迁市服务贸易发展的基本现状及困难,并在此基础上提出进一步促进宿迁市服务贸易发展的对策建议。

一 宿迁市服务贸易发展现状分析

(一)服务贸易的概念

服务贸易是一国的法人或自然人在其境内或进入他国境内向外国的法人或自然人提供或购买服务的贸易行为,包括加工服务,维护和维修服务,运输,旅行,建设,保险和养老金服务,金融服务,知识产权使用费,电信、计算机和信息服务,其他商业服务,个人、文化和娱乐服务以及别处未

提及的政府服务等12个行业领域。

(二)服务贸易统计数据分析

1. 宿迁市服务贸易情况

2022年1—8月,宿迁市实现服务贸易进出口额7 852万美元,同比增长8.4%,增速排名居全省第十三。其中,出口额1 787万美元,同比增长8.7%;进口额6 065万美元,同比增长8.3%。1—8月,宿迁市实现知识密集型服务进出口额3 368万美元,同比增长22.5%,增速排名居全省第十一。其中,出口额1 239万美元,同比增长33.9%;进口额2 129万美元,同比增长16.7%。

2. 县区服务贸易情况

2022年1—8月,沭阳县实现服务贸易进出口额1 102万美元,占全市服务贸易进出口总额的14.0%;泗阳县实现服务贸易进出口额838万美元,占全市服务贸易进出口总额的10.7%;泗洪县实现服务贸易进出口额656万美元,占全市服务贸易进出口总额的8.4%;宿豫区实现服务贸易进出口额1 979万美元,占全市服务贸易进出口总额的25.2%;宿城区实现服务贸易进出口额1 430万美元,占全市服务贸易进出口总额的18.2%;宿迁市经济技术开发区实现服务贸易进出口额386万美元,占全市服务贸易进出口总额的4.9%;湖滨新区实现服务贸易进出口额779万美元,占全市服务贸易进出口总额的9.9%;苏宿工业园区实现服务贸易进出口额431万美元,占全市服务贸易进出口总额的5.5%;洋河新区实现服务贸易进出口额251万美元,占全市服务贸易进出口总额的3.2%。

(三)服务贸易企业情况

2022年1—8月,宿迁市发生服务贸易实绩的企业241家,其中沭阳县72家、泗阳县29家、泗洪县19家、宿豫区40家、宿城区33家、宿迁市经济技术开发区27家、湖滨新区11家、苏宿工业园区8家、洋河新区2家。从重点企业看,宿迁博裕光年网络技术有限公司、际扬信息科技有限公司、京东云计算有限公司、可成科技(宿迁)有限公司、江苏秀强玻璃工艺股份有限公司、江苏吉龙运动休闲用品有限公司、江苏斯迪克新材料科技股份有限公司、宿迁帆裕科技有限公司、江苏亚东朗升国际物流有限公司9家企业实现服务贸易进出口额超过100万美元。从行业类别看,目前宿迁市服务贸易企业多为技术引进或承接客服接线、网站推广等业务流程外包业务,产品附加值相对较低,市场竞争力相对较弱(表1)。

表1　2022年1—8月宿迁市服务贸易国际收支情况表

金额单位:万美元

类别	进出口		出口		进口	
	本月累计	增幅(%)	本月累计	增幅(%)	本月累计	增幅(%)
服务贸易合计	7 852	8.42	1 787	8.72	6 065	8.33
1. 加工服务	98	−58.72	98	−58.72	—	—
2. 运输服务	313	80.14	219	170.64	94	1.24
3. 旅行	3 907	1.94	204	−41.10	3 703	6.22
4. 建设	20	−56.08	19	−56.70	1	445.44
5. 保险	—	—	—	—	—	—
6. 金融服务	122	653.93	0	—	122	653.93
7. 电信、计算机和信息服务	1 235	6.21	767	22.09	468	−12.43
8. 其他商业服务	1 760	28.83	461	56.38	1 299	21.26
其中法律、会计、广告等专业和管理服务咨询服务	548	26.34	239	34.26	309	20.81
9. 文化和娱乐服务	12	311.21	12	311.21	0	—
其中视听和相关服务	9	311.21	9	311.21	—	—
10. 别处未涵盖的维护和维修服务	142	−27.85	7	−19.68	135	−28.20
11. 别处未涵盖的知识产权使用费	240	18.53	1	117.44	239	18.48
12. 别处未涵盖的政府货物和服务	3	−48.59	—	—	3	−48.59

二 存在主要问题

（一）发展基础薄弱，出口竞争力不强

服务贸易发展的基础是第三产业，服务贸易的发展反映了服务业交换的扩大，也是服务业在国内生产总值比重上升的客观反映。而宿迁市产业结构还不够合理，2021年宿迁市实现第三产业增加值1 753亿元，仅占地区生产总值的47%，与省内及国内发达城市相比存在较大差距（南京约占63%、盐城约占55%、徐州约占52%、上海约占72%、北京约占83%）。宿迁市服务业总体供给不足、服务水平低、竞争力不强等因素直接导致服贸易出口缺乏竞争优势，2021年宿迁市实现服务贸易出口额2 456万美元，进口额9 240万美元，逆差高达6 784万美元，逆差的主要项目是旅游、其他商业服务、金融服务，逆差额度分别为5 140万美元、1 172万美元、430万美元。

（二）总体规模偏小，增速低于全省平均水平

与省内其他城市相比，宿迁市服务贸易无论规模还是增速均排名靠后。从总量看，2021年，宿迁市服务贸易总额为1.2亿美元，仅占全省服务贸易总额的0.2%，总量连续多年位居全省第十三（2021年，连云港市服务贸易总额为13.5亿美元，徐州市服务贸易总额为8.1亿美元，盐城市服务贸易总额为7.6亿美元，淮安市服务贸易总额为2.7亿美元。）。从增速看，2021年宿迁市服务贸易总额增长3.4%，增速低于全省服务贸易总额11.1个百分点。2022年1—8月，宿迁市实现服务贸易进出口额7 852万美元，同比增长8.4%，低于全省服务贸易进出口额11.2个百分点，增速排名位居全省第十三，分别低于连云港、盐城和淮安三市10.8个、13.5个和6.4个百分点。

（三）结构极不合理，缺乏支柱型产业

宿迁市服务贸易不仅发展滞后，而且结构极不合理。2022年1—7月，在

宿迁市服务贸易 12 个行业领域中,所占份额最大的是旅行,占比高达 49.2%。作为传统服务贸易行业的运输贸易,仅完成 305 万美元,占服务贸易总额的 4.6%,主要是由于宿迁市开放载体支撑不强,口岸等功能性载体缺失(连云港作为港口城市,东濒黄海,水域面积广阔,拥有良好的区位优势,2022 年 1—7 月实现运输服务 60 899 万美元,占比高达 70.7%)。建设服务贸易仅完成 18 万美元,占服务贸易总额的 0.3%(南通建筑产业闻名海外,企业数量、建筑业总产值、总施工面积等在全国地级市均排名第一,2022 年 1—7 月实现建设服务贸易达到 15 762 万美元)。另外,作为知识密集型服务贸易重点行业的保险、金融服务、知识产权使用费、文化和娱乐服务 4 类合计完成 211 万美元,占服务贸易总额的 3.2%。

(四)服贸发展不平衡,县区差距较大

从区域发展情况看,由于各地服务业的发展基础不同,区域发展不平衡仍较为突出。2022 年 1—7 月,在服务贸易总额方面,宿迁市仅湖滨新区、苏宿工业园区、洋河新区目标完成率达到或超过序时进度,其中湖滨新区完成率最高,达到 70.9%。其他县区差距明显,其中宿城区完成 49.2%,宿豫区完成 45.8%,泗阳县完成 27.6%,沭阳县完成 25.5%,泗洪县完成 21.9%,宿迁市经济技术开发区完成 21.7%。

(五)专业人才缺乏,发展后劲不足

人才缺乏已成为制约宿迁市服务贸易发展的重要因素。宿迁市服务贸易人才储备严重不足,尤其缺乏新兴服务业和知识密集型服务业所需的新型高级人才。服务贸易发展不仅需要一批金融、保险、运输、旅游等方面的人才,更需要一批精通国际金融、国际商法、国际物流等相关专业知识和技能的专才。

三 对策建议

(一) 坚持创新驱动,培育产业发展新模式

一是增强技术创新能力。鼓励引导研发设计、知识产权、信息技术、文化创意等领域的服务业企业加大研发投入力度,创新研发机制,着力提升产业技术创新能力。鼓励服务业企业进一步提高创新效率,创造更多具有自主知识产权的专利、软件著作权等技术创新成果,推广应用新兴技术。二是推动服务贸易数字化。加快5G、人工智能、工业互联网、物联网数据中心等新型基础设施建设,推动"5G+"多种应用场景的发展落地,聚焦数字创意、数字影视、动漫游戏、移动互联网应用、数字传媒等重点领域,大力培育和支持发展具有较强创新能力和核心竞争力的数字内容企业。发展数字赋能流程外包等创新业务,推动信息技术外包(ITO)、商务流程外包(BPO)数字化转型,加快提升服务外包和技术贸易数字化业务占比。三是深化产业融合创新。积极拓展制造业产业链条,推动从单纯制造环节向研发设计、物流营销、品牌推广、系统集成等上下游延伸,促进制造业从以产品为中心向产品、服务和整体解决方案并重转变,推动制造业向价值链高端攀升。引导制造业企业深化分工协作,强化专业核心能力,外包非核心业务,积极发挥生产性服务业对制造业企业科技创新、产品创新、管理创新、市场创新的支撑作用。

(二) 突出重点领域,深挖服贸增长潜力

结合宿迁实际,围绕离岸服务外包、技术进出口、文化旅行、来料加工等6个重点行业领域,精准发力,挖掘潜力,力争取得较大突破。一是实施离岸服务外包倍增计划。依托宿迁市软件与服务外包产业园、宿迁电子商务产业园区等园区,加强新项目招引,做好现有企业培育,做大离岸服务外包总量。二是实施技术进出口升级计划。引导重点企业采用国外先进技术,鼓励"特精专"企业开展技术出口,扩大技术进出口规模。三是实施文化旅行贸易提升

计划。加强文化贸易企业培育,增加动漫、游戏、版权、影视剧等文化服务和乐器、出版物等文化产品出口。四是实施来料加工贸易转增计划。引导江苏格立特电子股份有限公司等企业开拓市场,扩大业务规模。鼓励长电科技(宿迁)有限公司等企业直接接单、直接出口。五是实施对外经济合作促进计划。以"一带一路"国家(地区)为重点,引导企业走出去,拓展外派劳务和对外承包工程业务。六是实施服务贸易结算中心培育计划。协调京东集团等企业将技术、管理等方面涉外服务贸易纳入全市统计结算。

(三)注重企业引培,激发市场主体活力

一是大力发展总部经济。总部经济是产业链的高端形态,总部经济的发展有利于促进外资集聚和提升服务贸易竞争力。积极推动与京东集团全产业、多领域、深层次战略合作,充分发挥京东集团龙头引领作用,培大做强信息技术、数字金融、科技服务相关产业,着力培育发展千亿级数字经济产业集群。二是加大项目引培力度。加强外资、高新技术、现代服务业等项目招引,大力培育一批具有自主知识产权、自主品牌、高增值服务能力的服务贸易骨干企业。加强动画研发外包、游戏设计外包、创意设计外包、数字内容服务等领域离岸外包企业的招引,扩大服务贸易产业基础。三是强化政策支撑。推动县区层面制定出台针对性扶持政策,加大对重点服务贸易产业支持力度,支持引导重点行业、重点企业服务贸易增长。市级层面主要是用足用好国家和省级扶持资金,同时将服务贸易项目纳入全市招商引资考核,与工业项目同等考核奖惩,激励项目招引,培育新增长点。

(四)聚焦载体平台,筑牢高质量发展基础

一是强化载体建设。充分放大宿迁市软件与服务外包产业园作为省级服务外包示范园区的集聚带动效应,加强园区运营信息统计平台、公共研发平台等建设,推动数字内容服务等产业集聚发展。积极推动宿迁电子商务产业园加强软硬件建设,加快电子商务平台服务产业发展,提升服务贸易业务比重,创建省级服务贸易基地。二是助力开拓市场。鼓励服贸企业参加中国

国际进口博览会、中国国际服务贸易交易会、中国—东盟博览会、中国（上海）国际技术进出口交易会、中国国际数字和软件服务交易会等国家级展会平台深化交流合作，支持企业开拓国际市场。持续组织企业参加全省"苏新服务·智惠全球"系列线上下展会，扩大交流合作。三是加强人才引培。以宿迁市人才发展大会为契机，进一步加大人才招引和培育力度，整合现有高等院校和职业技术学院教育培训资源，推动行业人才库、人才培训平台等建设。支持专业培训机构与企业联合开展订单培训，大力吸引著名的培训机构设点培训，鼓励与跨国公司合作培养高层次、应用型国际服务外包专业复合人才。

（五）强化统筹推动，构建服贸工作合力

一是加强协调联动。按照"市级统筹、县区主抓、部门联动"的总体要求，落实市县（区）和市直部门联动推进机制，发挥重点服务贸易企业联系制度作用，加强服务贸易统计监测分析，定期调度指标完成情况，合力研究和开展促进服务贸易发展相关工作。二是加强统计监测。建立市商务、外汇管理、旅游等相关部门参与的服务贸易统计监测体系，按月开展分县区、分行业统计分析，准确把握服务贸易占对外贸易比重等指标情况。三是加强调度研究。会同相关行业主管部门，定期会商重点行业服务贸易进出口情况，帮办解决重点企业面临难题，促进开拓市场。督促指导各县区瞄准服务贸易指标，引导企业不断优化业务流程和国际业务结算，科学制订推进计划，集中力量冲刺目标任务。

宿迁市商务局

附 录

江苏商务发展2022
JiangSu Commerce Development 2022

2022年江苏商务重要文件索引

2022年江苏商务重要文件索引表

文　号	标　题
苏政发〔2022〕38号	《省政府印发关于推进江苏自贸试验区贸易投资便利化改革创新若干措施的通知》
苏政办发〔2022〕10号	《省政府办公厅关于加快发展外贸新业态新模式若干措施的通知》
苏政办发〔2022〕69号	《省政府办公厅关于印发江苏省推进数字贸易加快发展若干措施的通知》
苏政办发〔2022〕40号	《省政府办公厅印发关于促进内外贸一体化发展若干措施的通知》
苏政办发〔2022〕75号	《省政府办公厅关于印发江苏省进一步优化营商环境降低市场主体制度性交易成本任务分工方案的通知》
苏政办发〔2022〕50号	《省政府办公厅关于进一步释放消费潜力促进消费加快恢复和高质量发展的实施意见》
苏政办发〔2022〕20号	《省政府办公厅印发关于做好跨周期调节进一步稳外贸若干措施的通知》

续表

文　号	标　题
苏商综〔2022〕133号	《省商务厅关于印发商务领域优化营商环境的若干措施的通知》
苏商法〔2022〕162号	《省商务厅关于印发2022年全省商务系统法治政府建设工作要点的通知》
苏商法函〔2022〕1062号	《省商务厅关于印发〈关于进一步健全普法责任制的实施方案〉的通知》
苏商流通〔2022〕224号	《江苏省商务厅等8部门关于印发促进老字号创新发展的若干政策措施的通知》
苏商流通〔2022〕115号	《省商务厅关于进一步帮助商务领域市场主体纾困解难若干措施的通知》
苏商流通〔2022〕218号	《江苏省商务厅 江苏省市场监督管理局关于〈印发江苏省单用途预付卡购卡合同(示范文本)〉的通知》
苏商规〔2022〕1号	《江苏省商务厅关于印发江苏省单用途商业预付卡管理细则(试行)的通知》
苏商资〔2022〕58号	《省商务厅关于印发鼓励外商投资企业利润再投资三年行动计划(2022—2024年)的通知》

2022年江苏商务发展大事记

1月4日,陈涛厅长参加省重大项目建设领导小组会议。

1月4日至7日,郁冰滢二级巡视员带领省政府第八督查组赴淮安开展节日期间疫情防控措施落实情况综合督查。

1月5日,陈涛厅长参加全国减税降费视频座谈会。

1月5日,周晓阳副厅长主持召开厅稳外贸行动和外贸新业态提升行动工作专班会。

1月6日,陈晓梅副厅长主持召开厅深化"一带一路"经贸合作工作专班会议。

1月6日至7日,姜昕副厅长带队赴连云港开展口岸贸易便利化专题调研。

1月6日,商务部召开上合组织国家特色商品电商直播活动视频工作会议。王存二级巡视员参加活动并发言。

1月7日,省商务厅党组理论学习中心组召开学习(扩大)会议。厅党组书记、厅长陈涛主持会议,厅领导班子成员参加会议。

1月8日,姜昕副厅长出席第二届长三角家政一体化发展大会启动仪式。

1月10日,陈涛厅长参加全省党史学习教育活动总结会议。

1月10日,陈涛厅长赴江苏省海外企业集团有限公司宣讲省第十四次党

代会精神。

1月10日,省商务厅与无锡市政府签署战略合作协议。陈涛厅长、姜昕副厅长、倪海清副厅长在无锡出席签约仪式。

1月10日,省商务厅召开"10＋3"产业链供应链论坛筹备工作视频交流会。陈涛厅长、孙津副厅长出席会议。

1月10日,孙津副厅长以视频连线方式,会见法国液化空气集团大中华区大工业副总裁胡大明一行。

1月10日,2022全国网上年货节(江苏)启动仪式在南京举行。商务部驻南京特派办王选庆特派员、省商务厅郁冰滢二级巡视员出席活动并致辞。

1月10日,王存二级巡视员主持召开江苏老字号传承保护与创新发展工作务虚会。

1月11日,陈涛厅长在徐州开展商务工作专题调研。

1月11日,孙津副厅长视频会见荷兰北布拉邦省经济发展署博林珂副署长。

1月11日,周晓阳副厅长出席全省进出口公平贸易工作会议。

1月11日,省纪委驻省商务厅纪检监察组郝建祥组长参加省纪委监委召开的派驻省级机关纪检监察组年度工作总结交流会。

1月11日,倪海清副厅长参加长三角地区合作与发展联席会议电视电话会议。

1月11日至12日,郁冰滢二级巡视员赴南通、盐城开展元旦、春节期间安全生产和疫情防控工作检查。

1月12日,省商务厅召开党史学习教育总结会议。省党史学习教育第八巡回指导组副组长薛劲松专程到会指导并组织测评、召开座谈会等。厅党组书记、厅长陈涛作党史学习教育总结讲话。厅党组成员、副厅长、直属机关党委书记陈晓梅主持会议,其他厅领导班子成员现场参会。

1月12日,王存二级巡视员带队赴省地方金融监管局对接交流单用途预付卡管理工作。

1月12日,王存二级巡视员主持召开厅消费促进品牌塑造工作专班会议。

1月13日,陈涛厅长参加省级机关党的建设工作会议。

1月13日,陈涛厅长参加省人大召开的2021年民生实事项目实施情况报告及工作评议会议。

1月13日,省政府召开"一带一路"交汇点建设专题会议。陈晓梅副厅长参加会议并发言。

1月13日,郁冰滢二级巡视员赴盐城市滨海县开展电子商务进农村综合示范专项督查。

1月14日,省政府召开全省商务工作座谈会。费高云常务副省长出席会议,陈涛厅长主持会议,厅领导班子成员参加。

1月14日,省商务厅召开全省商务工作电视电话会议。陈涛厅长和厅领导班子成员出席会议。

1月14日,姜昕副厅长参加全省宣传部长会议和全省外宣工作会议。

1月17日,陈涛厅长参加全国安全生产电视电话会议和全省安全生产电视电话会议暨省安委会全体(扩大)会议。

1月17日,陈涛厅长参加省委深改委第二十次会议。

1月17日,中国—中亚经贸合作论坛以视频方式举行,商务部王文涛部长出席并讲话。孙津副厅长参加会议。

1月17日,省纪委驻省商务厅纪检监察组郝建祥组长带队在扬州市开展元旦、春节期间商务领域安全生产暨疫情防控工作检查。

1月17日,省援藏指挥部总指挥、拉萨市委副书记、常务副市长陈静一行赴省商务厅座谈交流工作。倪海清副厅长出席会议。

1月18日,省商务厅党组召开党史学习教育专题民主生活会。陈涛厅长主持会议,厅领导班子成员参加会议。

1月18日,陈涛厅长在江苏分会场参加推动长三角一体化发展领导小组第四次全体会议。

1月18日,郁冰滢二级巡视员带队赴淮安开展元旦、春节期间新冠肺炎疫情防控措施落实情况省级综合督查。

1月19日,陈涛厅长参加政协江苏省第十二届委员会第五次会议。

1月19日至23日,陈涛厅长参加江苏省第十三届人民代表大会第五次会议。

1月19日至22日,倪海清副厅长参加政协江苏省第十二届委员会第五次会议。

1月19日,孙津副厅长分别会见韩国SK集团中国总部高级副总裁李新明、中国欧盟商会南京分会董事会主席安睿史。

1月19日,省商务厅召开驻海外经贸代表党风廉政建设专题座谈会。省纪委驻省商务厅纪检监察组郝建祥组长出席会议,就进一步加强海外经贸代表队伍党风廉政建设、坚守意识形态阵地、把握好政治方向提出指导意见。

1月19日,朱益民一级巡视员参加省政府工程建设审批领域改革有关事项会议。

1月19日至20日,王存二级巡视员带队在连云港开展元旦、春节期间商务领域安全生产暨疫情防控工作检查。

1月20日,姜昕副厅长带队在常州开展元旦、春节期间商务领域安全生产暨疫情防控工作检查。

1月20日,省商务厅召开全省外资工作视频会议。孙津副厅长出席会议并讲话。

1月20日,省商务厅召开农贸市场"平价菜摊"工作推进视频会。郁冰滢二级巡视员出席会议并讲话。

1月21日,省政府召开建立全省工业经济运行监测分析工作机制专题会议。周晓阳副厅长参加会议并发言。

1月21日,省纪委驻省商务厅纪检监察组郝建祥组长参加省纪委监委举办第8期审查调查业务大讲堂活动。

1月21日,朱益民一级巡视员参加政协江苏省第十二届委员会第五次会议联组会议。

1月21日,郁冰滢二级巡视员在南京市调研农贸市场"平价菜摊"建设工作推进情况。

1月22日,姜昕副厅长出席第45届恒顺酱醋文化节暨调味品展销会开幕仪式。

1月24日至25日,省纪委驻省商务厅纪检监察组郝建祥组长参加十四届省纪委二次全会。

1月25日,陈涛厅长参加十四届省纪委二次全会第一次会议。

1月25日,省商务厅召开2021年全省商务运行情况新闻发布会。姜昕副厅长出席发布会,通报2021年全省商务运行情况。

1月25日,姜昕副厅长在省餐饮行业协会调研并召开重点餐饮企业座谈会。

1月25日,省政府召开保障群众过好春节新闻发布会,省有关部门负责同志向媒体介绍为保障群众过好春节开展的相关工作。王存二级巡视员参加发布会,并回答记者提问。

1月26日,陈涛厅长参加省委农村工作会议。

1月26日,省商务厅以线上线下结合方式召开2022年海外工作会议。厅党组书记、厅长陈涛出席会议并讲话,孙津副厅长主持会议,厅领导班子其他成员和中国国际贸易促进委员会江苏省委员会丛苏峰副会长参加会议。

1月26日,商务部召开全国服务贸易和商贸服务业工作电视电话会议。姜昕副厅长在江苏分会场参会并作交流发言。

1月26日,朱益民一级巡视员带队赴淮安、宿迁市开展元旦、春节期间商务领域安全生产暨疫情防控工作检查。

1月27日,省商务厅召开2022年老干部情况通报会。厅党组书记、厅长陈涛出席会议并通报有关情况,周晓阳副厅长主持会议。

1月27日,省政府召开进口物品疫情防控工作会议,胡广杰副省长主持会议。周晓阳副厅长参会并就进口货物疫情防控相关工作做交流发言。

1月28日,省委吴政隆书记视频会见韩国SK集团会长崔泰源。陈涛厅长陪同会见。

1月28日,许昆林省长在南京检查春节保供、疫情防控和安全生产工作。陈涛厅长陪同检查。

1月28日,费高云常务副省长在南京检查春节保供、疫情防控和安全生产工作。陈涛厅长、王存二级巡视员陪同检查。

1月28日,陈涛厅长走访慰问省商务厅离退休老同志。

1月28日,省商务厅与省农村信用联合社签署合作协议。陈涛厅长、倪海清副厅长出席签约仪式。

1月28日,省政府召开省属企业境外项目内控工作会议。陈晓梅副厅长参加会议并发言。

1月29日,姜昕副厅长赴南京市中华路50号开展安全检查。

1月29日,省政府召开乌兹别克斯坦、尼日利亚滞留人员接返工作会议。孙津副厅长参加会议并发言。

1月30日,朱益民一级巡视员参加省政府深化南北结对帮扶合作专题会议。

2月7日,省商务厅召开2022年度全面从严治党暨警示教育大会。省商务厅党组书记、厅长陈涛出席会议,省商务厅党组成员、直属机关党委书记、副厅长陈晓梅主持会议,其他厅领导班子成员现场参会。

2月7日,陈涛厅长参加省推进长三角一体化发展领导小组第四次全体会议。

2月7日,陈涛厅长参加省委全面深化改革委员会会议。

2月7日,厅党组成员、副厅长孙津参加合作处(海外办)党支部召开的党员大会。

2月8日,陈涛厅长参加省政府投资基金运营管理专项审计调查反映问题改进措施及整合优化方案汇报专题会议。

2月8日至10日,商务部钱克明副部长在苏州、南京围绕"如何立足新发展阶段、贯彻新发展理念、构建新发展格局""如何实行高水平对外开放"开展专题调研。陈涛厅长、倪海清副厅长陪同调研。

2月9日,许昆林省长、费高云常务副省长在南京会见商务部钱克明副部长一行。陈涛厅长、倪海清副厅长陪同会见。

2月9日,陈涛厅长会见江苏省海外企业集团有限公司董事长黄宏亮一行。

2月9日,陈涛厅长、周晓阳副厅长会见中国出口信用保险公司江苏分公司总经理潘水根一行。

2月9日,陈涛厅长、王存二级巡视员会见中国石化销售股份有限公司江苏石油分公司董事长、党委书记张有根一行。

2月10日,陈涛厅长、孙津副厅长参加东盟—中日韩(10+3)产业链供应链合作论坛暨东亚企业家太湖论坛筹备工作会议。

2月10日,省委财经办召开成员单位负责人座谈会。倪海清副厅长参加座谈并作交流发言。

2月11日,陈涛厅长分别会见南京市玄武区、建邺区、鼓楼区政府主要负责同志一行。

2月11日,吴海云副厅长与江苏老字号产业投资基金管理人进行座谈交流。

2月14日,省商务厅和盐城市人民政府在南京召开中韩(盐城)产业园建设工作厅市联席会议第七次会议,共商深化对韩经贸合作。厅党组书记、厅长陈涛与盐城市委副书记、代市长周斌共同主持会议并讲话,孙津副厅长参加会议。

2月15日,陈涛厅长召集研究外贸外资有关专班重点工作。孙津副厅长、周晓阳副厅长参加研究。

2月15日,省政府召开乌兹别克斯坦、尼日利亚临时航班和中国交通建设集团有限公司吉尔吉斯斯坦包机工作会议。陈晓梅副厅长参加会议并发言。

2月15日,姜昕副厅长参加全省外宣重点工作座谈会。

2月15日,姜昕副厅长召集研究工艺美术大楼办公用房维修出新有关事宜。

2月15日,省纪委驻省商务厅纪检监察组郝建祥组长带队赴无锡市开展商务领域安全生产暨疫情防控工作检查。

2月15日,朱益民一级巡视员主持召开全省经济开发区安全专项整治省

级部门工作专班会议。

2月15日,郁冰滢二级巡视员参加省区块链发展管理统筹协调机制第二次会议。

2月16日,陈涛厅长召集研究厅数字贸易推进、跨境贸易便利化有关专班重点工作。姜昕副厅长参加研究。

2月16日,陈涛厅长召集研究厅商贸流通数字化转型有关专班重点工作。郁冰滢二级巡视员参加研究。

2月16日,陈涛厅长召集研究厅消费促进品牌塑造有关专班重点工作。王存二级巡视员参加研究。

2月16日,姜昕副厅长与浙江省商务厅视频交流首届全球数字贸易博览会相关工作。

2月16日,省政府召开研究指导当前企业复工复产疫情防控措施专题会和进口物品疫情防控组专题会,胡广杰副省长主持会议。周晓阳副厅长参加会议。

2月17日,陈涛厅长参加省委统一战线工作领导小组会议和省委对台工作领导小组会议。

2月17日,省商务厅召开厅疫情防控工作领导小组会议,传达学习省委省政府有关疫情防控会议精神,研究部署近期商务领域疫情防控工作。省商务厅党组书记、厅长陈涛主持会议,厅领导班子成员出席会议。

2月17日,陈涛厅长召集研究厅开发区优势提升有关专班重点工作。朱益民一级巡视员参加研究。

2月17日,陈涛厅长召集研究厅高水平制度型开放突破有关专班重点工作。

2月17日,姜昕副厅长参加住苏全国政协委员座谈会。

2月17日、3月1日,省商务厅会同省市场监管局、省邮政管理局、省卫生健康管理委员会等部门在南京、镇江等地,联合开展全省进口物品疫情防控专项督查。周晓阳副厅长现场检查进口冷链食品生产经营单位、第三方冷库、进口货物企业和国内国际快递企业等。

2月18日,陈涛厅长召集研究厅深化"一带一路"经贸合作有关专班重点工作。陈晓梅副厅长参加研究。

2月18日,商务部召开2022年全国外资工作电视电话会议。陈涛厅长、孙津副厅长、朱益民一级巡视员参加会议。

2月18日,陈涛厅长召集研究厅高质量实施RCEP有关专班重点工作。倪海清副厅长参加研究。

2月18日,省商务厅召开全省服务贸易及商贸服务业工作会议。姜昕副厅长出席会议。

2月18日,省商务厅召开县域商业体系建设实施方案专家论证及征求意见会。郁冰滢二级巡视员出席会议并讲话。

2月18日,郁冰滢二级巡视员出席汇通达网络股份有限公司在南京举办香港交易所主板上市仪式。

2月18日,省政务服务管理办公室印发《关于2021年度省政务服务中心红旗窗口、优秀首席代表考核结果的通报》(苏政务办发〔2022〕11号)。省商务厅荣获2021年度省政务服务中心红旗窗口荣誉称号。

2月21日,许昆林省长会见强生全球资深副总裁、中国区主席宋为群一行。陈涛厅长陪同会见。

2月21日,孙津副厅长会见日本丸红株式会社执行董事、丸红中国总代表篠田聪夫一行。

2月21日,商务部召开"非洲好物网购节和旅游电商推广活动"视频工作会。电子商务司二级巡视员朱炼主持会议并总结讲话,西亚非洲司副司长贺松介绍中非经贸合作情况和对非合作新举措。郁冰滢二级巡视员参加会议并发言。

2月22日,姜昕副厅长参加省人大召开的全国人大代表议案建议工作座谈会。

2月22日,孙津副厅长会见新加坡企业发展局中国司副司长胡丽燕等一行。

2月23日,陈涛厅长参加省政府建筑业发展专题会议。

2月23日,姜昕副厅长召集研究督查激励工作有关事宜。

2月23日,吴海云副厅长会见江苏省联合征信有限公司周云松总经理一行。

2月23日,商务部线上召开2022年外资企业投诉部级联席会议地方专题会议。商务部外资司陈春江司长主持会议并讲话,朱冰副司长、杨国勇副司长、投资促进局李勇副局长出席会议。孙津副厅长参加会议。

2月23日,孙津副厅长与新加坡企业发展局中国司胡丽燕副司长共同带队赴泰州,围绕加强新苏在清洁能源、数字贸易等领域合作开展联合调研。

2月24日,许昆林省长召开争取国家部委支持事项专题会议。陈涛厅长参加会议。

2月24日,陈涛厅长参加省委人才工作领导小组第一次会议。

2月24日,姜昕副厅长召集研究数字贸易行动计划。

2月24日,姜昕副厅长在南京新入选国家语言及知识产权特色服务出口基地开展工作调研。

2月25日,2022年度中俄"东北—远东"委员会中方秘书处联席会议通过视频方式召开。商务部欧亚司王开轩司长主持会议。孙津副厅长参会,并汇报2021年江苏省商务厅对俄远东经贸合作进展情况及2022年工作计划。

2月25日,倪海清副厅长参加全省统计工作视频会议并作经验介绍交流。

2月25日,省政府新闻办召开省委一号文件新闻发布会。郁冰滢二级巡视员出席发布会。

2月28日至3月20日,省商务厅机关各党支部按照省委组织部通知要求,召开2021年度基层党组织组织生活会,开展民主评议党员,厅领导班子成员以普通党员身份参加所在党支部的组织生活会,开展批评与自我批评。

2月28日,姜昕副厅长参加省发展改革委召开的服务业纾困政策贯彻落实推进会。

2月28日至3月4日,姜昕副厅长在盐城开展安全生产督导。

2月28日,朱益民一级巡视员参加省政府有关专题会议,讨论《优化工程建设项目审批流程若干措施（审议稿）》。

2月28日，省政府召开进一步帮助市场主体纾困解难着力稳定经济增长新闻发布会，省有关部门向媒体介绍帮助市场主体纾困解难、着力稳定经济增长有关工作情况及下一步工作安排。王存二级巡视员参加发布会并回答记者提问。

2月28日，商务部召开全国消费促进工作电视电话会议。商务部副部长王炳南出席会议并讲话。商务部驻南京特派员办事处王选庆特派员、省商务厅王存二级巡视员在江苏分会场参加会议。

3月1日，陈涛厅长参加省推动长江经济带发展领导小组会议。

3月1日，王存二级巡视员带队在中国石油天然气股份有限公司江苏销售分公司开展调研座谈活动，与中国石油天然气股份有限公司江苏销售分公司郑华生常务副总经理进行深入交流。

3月2日，陈涛厅长会见强生中国总裁委员会成员、政府事务和政策副总裁阙非一行。

3月2日，省政府召开涉外疫情防控工作会议。陈晓梅副厅长参加会议并发言。

3月2日，孙津副厅长以视频连线方式，会见美中贸易全国委员会上海代表处首席代表许子兰。

3月2日，倪海清副厅长在中国进出口银行江苏省分行开展调研，与中国进出口银行江苏省分行党委书记、行长王国杰进行座谈交流。

3月2日，郁冰滢二级巡视员参加省政府召开的加快统筹推进数字政府建设专题会议。

3月3日，吴海云副厅长主持召开厅安全生产委员会办公室工作会议。

3月3日，省商务厅组织离退休女同志在"三八"国际劳动妇女节到来之际，走进南京江南丝绸文化博物馆，开展"丝丝相扣 共结美好"特色活动。厅党组成员、副厅长周晓阳出席活动，并代表厅机关向全体离退休女干部致以节日祝福。

3月3日，省商务厅召开全省商务系统电子商务工作视频会议。郁冰滢

二级巡视员出席会议并讲话。

3月3日,王存二级巡视员出席正版正货示范行业创建·"苏新消费"家电嘉年华系列活动发布暨江苏省家电协会第六届五次会员大会。

3月4日,省商务厅召开支持苏宁工作专题会议。郁冰滢二级巡视员出席会议。

3月4日,省商务厅召开汇通达下沉镇村对接交流会。郁冰滢二级巡视员出席会议。

3月8日,吴海云副厅长与广西壮族自治区商务厅副厅长粟坚一行座谈交流。

3月8日,朱益民一级巡视员参加省政协召开的法规工作有关会议。

3月9日,省商务厅与常州市政府在常州签署厅市合作协议。陈涛厅长、姜昕副厅长、倪海清副厅长出席签约仪式,并在常州开展商务工作调研。

3月9日,省政府召开全省安全生产视频会议。省委常委、常务副省长费高云出席会议并讲话,省应急管理厅(省安全生产委员会办公室)、省住房和城乡建设厅、省消防救援总队(省消委办)主要负责同志参加会议。吴海云副厅长在主会场参会。

3月9日,商务部召开全国促进老字号创新发展工作视频会。商务部副部长王炳南出席会议并讲话,吴海云副厅长在江苏分会场参会。

3月10日,省商务厅召开疫情防控和安全生产工作会议。陈涛厅长主持会议,厅领导班子成员参加会议。

3月10日,省政府召开外贸外资工作调度会议,分析研判当前外贸外资形势,研究部署下一阶段重点工作举措。省政府黄澜副秘书长出席会议并讲话。陈涛厅长、孙津副厅长、周晓阳副厅长,及省外贸外资协调机制部分成员单位相关负责同志参会。

3月10日,姜昕副厅长召集研究厅机关疫情防控工作。

3月10日,倪海清副厅长参加全省金融工作座谈会和省打击处置非法集资工作领导小组全体(扩大)会议。

3月10日,朱益民一级巡视员参加省政府召开的研究"江苏制造突出贡献奖"评选工作专题会议。

3月11日,陈涛厅长在省委参加连云港疫情防控工作视频调度会议。

3月11日,省商务厅召开数字贸易行动计划专题会。姜昕副厅长出席会议。

3月11日,倪海清副厅长赴省农村信用社联合社(以下简称"省联社")开展工作调研,与省联社党委委员汤宇进行座谈交流。

3月11日,省商务厅市场体系建设处党支部与省农业农村厅市场信息处党支部开展结对共建活动。郁冰滢二级巡视员参加活动,并见证双方支部书记签定《共同推进我省农产品市场体系建设合作框架协议》。

3月14日,陈涛厅长参加省传达学习贯彻全国两会精神会议。

3月15日,省商务厅召开疫情防控工作会议。陈涛厅长主持会议,厅领导班子成员参加会议。

3月16日,省政府召开东盟—中日韩(10+3)产业链供应链合作论坛暨东亚企业家太湖论坛组委会会议及筹备工作推进会。陈涛厅长、孙津副厅长参加会议。

3月16日,省商务厅召开研究数字贸易平台建设有关工作专题会议。姜昕副厅长出席会议。

3月17日,陈涛厅长参加省委召开的领导干部会议。

3月17日,陈涛厅长参加省委深改委会议。

3月17日,郁冰滢二级巡视员参加江苏省"菜篮子"食品管理联席会议第一次会议。

3月18日,陈涛厅长参加省委召开的省新冠肺炎疫情防控工作领导小组会议。

3月18日,陈涛厅长参加省政府召开的疫情形势分析研判会。

3月18日,郁冰滢二级巡视员出席全省市建条线工作会议。

3月21日,省商务厅召开党组(扩大)会议,传达学习习近平总书记重要讲话和全国两会精神,以及江苏省传达学习贯彻全国两会精神会议部署要求。省商务厅党组书记、厅长陈涛主持会议并讲话,厅领导班子成员出席

会议。

3月21日,省商务厅召开省两会建议提案办理工作研究部署会。姜昕副厅长出席会议。

3月21日,企业社会价值实验室首届理事会第二次会议以视频形式召开。国务院国资委党委委员、秘书长彭华岗,韩国SK集团社会价值委员会委员长李亨熙等出席会议并讲话。孙津副厅长出席会议。

3月21日,胡广杰副省长召开进口物品疫情防控工作视频会议。倪海清副厅长参会并汇报近期进口货物疫情防控工作情况。

3月21日,商务部召开全国商务系统防疫保供工作电视电话会议。商务部王炳南副部长出席会议并讲话。商务部驻南京特派办王选庆特派员、省商务厅王存二级巡视员在江苏分会场参加会议。

3月22日,省政府召开应对俄乌局势和中美贸易摩擦影响专题会议。陈涛厅长参加会议并发言。

3月22日,姜昕副厅长召集研究工艺美术大楼三楼办公用房有关工作。

3月23日,陈涛厅长召集研究"两稳一促"助企纾困等有关工作。

3月23日,姜昕副厅长参加省政府召开的研究粮食有关文件和事项专题会议。

3月23日,省商务厅召开绿色节能家电消费促进政策视频会议,省发展改革委、省财政厅派员在线参加。王存二级巡视员出席会议。

3月24日,陈涛厅长在省委参加省大运河文化带暨长江国家文化公园建设工作领导小组会议。

3月24日,省商务厅召开研究省政府交办消费促进专项任务专题会议。陈涛厅长、王存二级巡视员参加会议。

3月25日,陈涛厅长参加中央第二生态环境保护督察组督察江苏省动员会议和江苏省生态环境保护工作情况汇报会议。

3月25日,省商务厅召开研究江苏自贸试验区工作领导小组第4次全体会议筹备工作专题会议。陈涛厅长、王存二级巡视员参加会议。

3月25日,朱益民一级巡视员出席全省经济开发区2021年度高质量发展考核评价视频培训会议。

3月25日，王存二级巡视员赴省财政厅沟通消费促进相关工作。

3月28日，陈涛厅长参加省政府召开的疫情防控外防输入和中高风险地区物资保供有关专题会议。

3月28日，陈涛厅长在省委参加省新冠肺炎疫情防控工作领导小组会议。

3月29日，陈涛厅长参加中央第二生态环境保护督察组专题会议。

3月29日，姜昕副厅长参加省委国家安全委员会办公室专题会议。

3月29日，孙津副厅长与共青团江苏省委副书记张迎春座谈交流。

3月30日至31日，省纪委驻省商务厅纪检监察组郝建祥组长参加十四届省委巡视工作培训会。

3月31日，陈涛厅长在省委参加疫情防控有关会议。

3月31日，陈涛厅长在省政府参加全国安全生产电视电话会议和全省安全生产电视电话会议。

3月31日，孙津副厅长以视频连线方式会见法国道达尔能源中国区主席赵伟良先生。

3月31日，朱益民一级巡视员参加省政府召开的行政规范性文件清理工作会议。

4月1日，商务部召开地方对非经贸工作电视电话会议，落实2021年11月中非合作论坛第八届部长级会议"九项工程"，推动地方对非经贸合作迈向新台阶。钱克明副部长出席会议并发表讲话，西亚非洲司江伟司长主持会议。孙津副厅长参加会议。

4月1日，省商务厅召开绿色低碳发展专题学习会，江苏现代低碳技术研究院徐拥军院长做专题讲座。孙津副厅长主持会议。

4月2日，陈涛厅长召集研究"两稳一促"有关工作。孙津副厅长、周晓阳副厅长、倪海清副厅长、王存二级巡视员参加。

4月3日至5月15日，江苏省积极支持上海在昆山设置应对疫情蔬菜应急保供中转站，累计接转车辆272辆次，发运蔬菜200吨、生活物资720吨。

王存二级巡视员每日召开中转站工作例会调度物资保供。

4月6日,陈涛厅长参加省政府召开的研究融资担保工作专题会议。

4月6日,姜昕副厅长召集研究厅机关办公用房有关事宜。

4月6日,吴海云副厅长参加省安全生产委员会办公室、省消费者委员会办公室召开的全省生产经营租住村(居)民自建房重大火灾风险综合治理工作视频会议。

4月6日,孙津副厅长召开东盟—中日韩(10+3)产业链供应链合作论坛暨东亚企业家太湖论坛筹备工作视频会议。

4月6日,郁冰滢二级巡视员召开农产品市场疫情防控暨工作培训视频会。

4月7日,陈涛厅长参加省政府召开的省重大项目建设推进专题会议。

4月7日,陈晓梅副厅长召集研究厅机关党建、党风廉政建设及工会等有关工作。

4月7日,姜昕副厅长赴江苏省电子口岸公司开展跨境贸易大数据平台建设等工作调研。

4月7日,郝建祥组长参加十四届省委第一轮巡视,为期3个月。

4月7日,周晓阳副厅长参加省进口物品疫情防控组专题会议。

4月8日,陈涛厅长召集研究自由贸易试验区有关工作。王存二级巡视员参加。

4月8日,陈涛厅长参加省政府召开的疫情防控工作视频点调会。

4月8日,孙津副厅长出席省商务厅联合省税务局、国家外汇管理局江苏省分局组织召开的外资企业利润再投资政策视频宣讲会。

4月11日,陈涛厅长、孙津副厅长、周晓阳副厅长在省分会场参加全国外贸外资电视电话会议。

4月11日,吴海云副厅长参加省政府召开的研究助企纾困有关文件专题会。

4月12日,陈涛厅长、王存二级巡视员参加省政府召开的研究有效激发释放消费潜力有关政策措施专题会议。

4月12日,陈晓梅副厅长召集投促中心研究有关工作。

4月13日,陈涛厅长参加省委举行的《中国共产党组织工作条例》专题学习报告会。

4月13日,省政府召开全省安全生产大检查动员部署电视电话会议。省委常委、常务副省长费高云出席会议并讲话。姜昕副厅长、吴海云副厅长在主会场参加会议。

4月13日,姜昕副厅长参加在省交通运输厅召开的全省多措并举保障供应链稳定通畅工作视频会议。

4月13日,姜昕副厅长召开中国兰州投资贸易洽谈会筹备工作协调会。

4月13日,孙津副厅长参加省人大召开的审议《江苏省保护和促进香港澳门同胞投资条例》专题会议。

4月13日,倪海清副厅长参加省政府召开的全省经济运行重点工作电视电话会议。

4月13日,倪海清副厅长召开厅部门预算管理工作会议。

4月14日,陈涛厅长主持召开一季度商务工作形势分析会。厅领导班子其他成员参加。

4月14日,姜昕副厅长、周晓阳副厅长召开研究利用沪太通等模式帮助外贸企业畅通货运物流有关工作专题会议。

4月14日,倪海清副厅长出席省党外知识分子联谊会2022年度会长(扩大)会暨"喜迎二十大 同心跟党走"主题教育动员会。

4月14日,郁冰滢二级巡视员参加省网络安全工作推进会。

4月15日,陈涛厅长主持召开全省商务领域安全生产大检查动员部署电视电话会议。吴海云副厅长参加会议。

4月15日,姜昕副厅长先后在省委、省政府分别参加省食品安全委员会全体(扩大)电视电话会议和省药品安全委员会第一次全体会议暨疫苗管理省级部门联席会议。

4月15日,吴海云副厅长参加省政府召开的实施城市更新行动工作部署会。

4月15日,周晓阳副厅长出席第131届中国进出口商品交易会江苏汇鸿国际集团股份有限公司云上广交会开幕仪式。

4月15日,倪海清副厅长赴中信保江苏分公司会商工作。

4月15日,省政府召开农村住房条件改善专项行动工作部署会。郁冰滢二级巡视员参加会议。

4月15日,王存二级巡视员召开支付平台企业座谈会。

4月18日,吴海云副厅长出席省政府召开的印发实施《关于有效应对疫情新变化新冲击 进一步助企纾困政策措施》新闻发布会。

4月18日,吴海云副厅长赴省政务服务中心检查调研商务行政审批工作,并看望工作人员。

4月18日,孙津副厅长在省分会场参加全国保障物流畅通促进产业链供应链稳定电视电话会议。

4月18日,郁冰滢二级巡视员带队在南京对相关企业开展中央生态环境保护督察交办信访问题整改工作进行督导。

4月18日,王存二级巡视员召开消费品牌塑造专班工作会议。

4月19日,陈晓梅副厅长召开省商务厅酒驾醉驾专项整治活动部署会。

4月20日,吴海云副厅长召开厅现代商贸流通体系建设专班会议。

4月20日,倪海清副厅长参加省文化改革发展领导小组办公室召开的全省文化产业高质量发展推进会。

4月21日,陈涛厅长参加省安全生产和消防工作汇报会。

4月21日,陈涛厅长参加省委国家安全委员会专题会议。

4月21日,周晓阳副厅长参加省政府召开的纺织行业保供保畅视频会议。

4月21日,倪海清副厅长召开推进省委改革工作、省委省政府重点工作专题会议。

4月21日,倪海清副厅长参加省委农村工作会议。

4月21日,朱益民一级巡视员带队在南京市开展经济开发区安全专项整治督查。

4月21日，郁冰滢二级巡视员召开电子商务进农村综合示范县绩效评估阶段性工作座谈会。

4月22日，陈涛厅长参加省委常务委员会会议、省委外事工作委员会会议和省委港澳工作领导小组会议。

4月22日，陈涛厅长参加省政府召开的疫情防控视频调度会议。

4月22日，孙津副厅长参加省优秀侨资企业表彰大会。

4月22日，倪海清副厅长召开厅沿海开放三年行动计划讨论会。

4月22日，郁冰滢二级巡视员召开重点地区春耕生产和"菜篮子"产品保供视频调度会商会。

4月24日，陈涛厅长参加省政府召开的季度工作会议。

4月24日，陈涛厅长在省分会场参加中央政法委专题会议和我省有关续会。

4月24日、5月30日、6月14日，省商务厅党组理论学习中心组围绕"深刻把握'两个确立'，坚决做到'两个维护'"进行学习研讨，厅领导班子成员结合自身学习感悟和工作实际逐一作交流发言。

4月24日，周晓阳副厅长在省分会场参加国务院物流保通保畅工作领导小组总指挥（全体）调度会议。

4月24日，倪海清副厅长参加商务部在线召开的有关工作专题会议。

4月24日，郁冰滢二级巡视员召开厅网络安全和信息化工作会议。

4月25日，陈涛厅长参加省委外事工作委员会会议和省委港澳工作领导小组会议。

4月25日，陈涛厅长在省分会场参加国务院有关专题会议和省有关会议。

4月25日，吴海云副厅长出席江苏省文化投资管理集团"紫金奖"文创大赛工作汇报座谈会。

4月25日，孙津副厅长视频会见美中贸易全国委员会上海代表处首席代表许子兰，双方就近期新冠肺炎疫情对企业影响进行沟通交流，探讨应对疫情助企纾困措施。

4月26日,陈涛厅长在省分会场参加国家乡村振兴局有关会议。

4月26日,陈涛厅长参加省委召开的省推进"一带一路"建设工作领导小组会议。

4月26日,姜昕副厅长在省公安厅参加有关专题会议。

4月26日,姜昕副厅长召开人才工作推进会,省委组织部人才工作处叶绪江处长到会指导。

4月26日,孙津副厅长出席法国道达尔能源海上风电设备采购线上交流会。

4月26日,周晓阳副厅长召开省级经贸摩擦应对工作专班会议暨应对美国出口管制部门协调机制座谈会。

4月26日,郁冰滢二级巡视员在省分会场参加国家信息化有关工作部署会。

4月27日,陈涛厅长参加省委召开的《中国共产党统一战线工作条例》学习报告会。

4月28日,吴海云副厅长召集研究老字号博览会筹备工作。

4月28日,孙津副厅长参加省委国安委专题会议。

4月28日,周晓阳副厅长参加储永宏副省长召集的研究物流链条传播新冠病毒有关事宜专题会议。

4月28日,倪海清副厅长出席全省RCEP线上培训班开班式。

4月28日,第四届双品网购节(江苏)暨2022南京国际消费节·为宁而来活动在南京启动。郁冰滢二级巡视员出席启动仪式。

4月29日,陈涛厅长陪同许昆林省长在南京开展节前安全生产检查。

4月29日,孙津副厅长参加省人大常委会常务副主任、党组副书记樊金龙召开的双碳工作和对日合作情况座谈会。

4月29日,郁冰滢二级巡视员参加在省人力资源和社会保障厅召开的《江苏省就业促进条例》贯彻实施座谈会。

4月29日,王存二级巡视员在省分会场参加全国五一假期安全防范暨重点地区地震灾害应对准备工作视频会议、全省五一假期安全防范暨省防震减灾工作联席会议和抗震救灾指挥部会议。

5月3日,姜昕副厅长、吴海云副厅长在主会场参加省安委办召开的全省用作经营性质的自建房安全隐患排查整治视频调度会议。

5月5日,省自贸试验区工作领导小组召开第四次全体会议。省委书记、领导小组第一组长吴政隆主持会议并讲话,省长、领导小组组长许昆林出席会议并讲话。陈涛厅长汇报江苏自贸试验区建设进展情况及下一步工作打算,并就提交审议的文件作起草说明。

5月5日,吴海云副厅长参加省政府召开的光伏组件回收利用专题会议。

5月5日,王存二级巡视员参加省政府召开的加快建设并用好应急物资中转接驳站专题会议。

5月6日,陈涛厅长召集研究数字贸易行动计划编制有关工作,姜昕副厅长参加。

5月6日,周晓阳副厅长与南京海关会商相关业务工作。

5月6日,郁冰滢二级巡视员召集研究电商"十四五"规划实施方案。

5月7日,陈涛厅长参加省政府召开的全国自建房安全专项整治电视电话会议暨江苏省续会。

5月7日,姜昕副厅长参加省人大召开的现代服务业发展情况座谈会。

5月7日,倪海清副厅长召开分管处室季度工作会议。

5月7日,郁冰滢二级巡视员在省政府参加全国稳就业工作电视电话会议。

5月7日,王存二级巡视员出席南京市鼓楼星推官数字化平台发布暨鼓楼春季消费节启动仪式。

5月9日,陈涛厅长在省分会场参加全国新冠肺炎疫情防控工作电视电话会议。

5月9日,陈涛厅长、孙津副厅长、周晓阳副厅长、倪海清副厅长在省分会场参加全国促进外贸外资平稳发展电视电话会议。

5月9日,陈晓梅副厅长参加省委召开的"深入学习贯彻习近平法治思想,加快建设更高水平法治江苏"学习报告会。

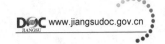

5月9日,郁冰滢二级巡视员召开江苏省汽车流通信息服务(二手车)系统推广应用工作会议。

5月10日,陈涛厅长召集研究"两稳一促"工作,孙津副厅长、周晓阳副厅长、倪海清副厅长、王存二级巡视员参加。

5月10日,陈晓梅副厅长召集研究投资促进中心有关工作。

5月10日,姜昕副厅长带领分管部门负责同志赴江苏省电子口岸公司开展工作调研。

5月10日,郁冰滢二级巡视员在省政府参加全省稳就业工作电视电话会议暨省就业工作领导小组和省农民工工作领导小组扩大会议。

5月11日,吴海云副厅长在省政府参加全省消防工作会。

5月11日,姜昕副厅长与南京市商务局局长张志超会商服务贸易创新发展示范区创建有关工作。

5月11日,郁冰滢二级巡视员召开二手车信息服务系统推广应用专题会议。

5月12日,吴海云副厅长参加省人大召开的《江苏省人民代表大会常务委员会关于促进大运河文化带建设的决定》贯彻实施情况汇报会。

5月12日,孙津副厅长与中国欧盟商会南京分会主席安睿史及董事会成员举行工作会谈,并共同调研参观菲尼克斯亚太电气(南京)有限公司新一代智能工厂。

5月12日,周晓阳副厅长参加省进口物品疫情防控组专题工作会议。

5月12日,倪海清副厅长参加省政府召开的1—4月经济形势分析专题会议。

5月12日,倪海清副厅长召开省商务厅重点研究课题开题会。

5月12日,朱益民一级巡视员参加省政府召开的省高能级人才载体建设工作推进会。

5月12日,郁冰滢二级巡视员赴中国移动通信集团江苏有限公司参观调研数字政府建设有关工作。

5月13日,陈涛厅长、孙津副厅长、周晓阳副厅长、倪海清副厅长参加省政府召开的全省促进外贸外资平稳发展电视电话会议。

5月13日,陈晓梅副厅长参加商务部对外投资和经济合作司召开的对外投资企业参加中国国际进口博览会线上工作会议。

5月13日,周晓阳副厅长与南京市商务局、南京市栖霞区专题研究跨境电商新零售试点工作。

5月16日,陈涛厅长、孙津副厅长出席江苏省外资项目云签约暨外资总部企业云授牌活动。

5月16日,吴海云副厅长召集研究内外贸一体化试点工作。

5月16日,省民营经济统战工作协调机制第五次会议在南京召开。倪海清副厅长参加会议。

5月16日,郁冰滢二级巡视员参加全国普通高等学校毕业生就业创业工作电视电话会议。

5月17日,陈涛厅长参加全省数字经济发展推进会议。

5月17日,陈涛厅长赴盐城开展商务工作调研。

5月17日,吴海云副厅长赴江苏省苏豪控股集团有限公司和江苏汇鸿国际集团股份有限公司开展内外贸一体化工作专题调研。

5月17日,孙津副厅长参加全国外资统计和信息报告业务线上培训班开班式。

5月17日,孙津副厅长与南京市政协外事委副主任郝健座谈交流。

5月18日,陈涛厅长在省分会场参加国务院在线召开的有关工作专题会议。

5月18日,陈涛厅长出席中国盐城投资环境说明会暨丹顶鹤国际湿地生态旅游节开幕式。

5月18日至20日,姜昕副厅长在盐城开展安全生产督导检查。

5月18日,倪海清副厅长召开高质量实施RCEP电视电话交流会。

5月18日至20日,倪海清副厅长参加全省市县政协主席培训班。

5月18日,郁冰滢二级巡视员在南京出席2022江苏省新能源汽车信息消费创新产品推广系列活动暨交汇点"花漾市集"开街仪式。

5月19日,孙津副厅长视频会见德国林德大中华区副总裁、氢能业务发展副总裁胡倍。

5月19日,孙津副厅长应邀出席中国欧盟商会南京分会年会并致辞。

5月19日,朱益民一级巡视员参加省人大召开的立法工作座谈会。

5月20日,陈涛厅长、吴海云副厅长会见连云港市政府常务副市长杨新忠一行。

5月20日,陈涛厅长会见中国邮政集团有限公司江苏省分公司总经理陈智泉一行。

5月20日,孙津副厅长参加省中国以色列常州创新园发展工作协调小组会议。

5月20日,孙津副厅长出席由中国驻福冈总领事馆与苏州市相城区人民政府共同主办的中国苏州·日本九州经济合作交流会暨中日(苏州)地方发展合作示范区推介会。

5月20日,倪海清副厅长会见省对口支持新疆伊犁哈萨克自治州前方指挥部副总指挥陈翔一行。

5月23日,陈涛厅长参加省委人大工作会议。

5月23日至24日,倪海清副厅长陪同省政协阎立副主席在徐州开展专题调研。

5月23日至24日,郁冰滢二级巡视员带队赴泰州兴化市、淮安金湖县开展县域商贸物流体系建设调研。

5月24日,陈涛厅长、周晓阳副厅长分别陪同费高云常务副省长在南京开展工作调研。

5月24日,陈涛厅长参加省委人才工作领导小组办公室召开的学习贯彻习近平总书记重要回信精神座谈会暨省委人才工作领导小组专题会议。

5月24日,姜昕副厅长参加商务部服贸司召开的服务贸易创新试点工作视频座谈会。

5月24日,吴海云副厅长参加省委宣传部召开的"紫金奖"文化创意设计大赛组委会专题会议。

5月24日，吴海云副厅长召开省商务厅安委办会议。

5月24日，吴海云副厅长召集研究2022江苏省老字号"三进三促"启动仪式暨南京站活动有关筹备工作。

5月24日，周晓阳副厅长参加省政协召开的更高质量推进"一带一路"建设专题民主监督情况通报会并通报相关工作情况。

5月25日，陈涛厅长在省分会场参加全国稳住经济大盘电视电话会议。

5月25日，陈涛厅长参加全省宗教工作会议。

5月25日，吴海云副厅长听取徐州市鼓楼区有关负责同志关于现代商贸流通体系建设示范区实施情况的专题汇报。

5月25日至26日，孙津副厅长陪同省政协王荣平副主席在常州开展调研。

5月25日，周晓阳副厅长参加省政府黄澜副秘书长召开的研究对苏美达国际技术贸易有限公司进口抽余油免于处罚相关事宜专题会议。

5月26日，陈涛厅长参加国务院督查组与江苏省政府领导见面会。

5月26日，陈涛厅长会见强生集团中国区政府事务及政策副总裁阙非一行。

5月26日，姜昕副厅长赴东部机场集团有限公司开展口岸运行情况专题调研。

5月26日，吴海云副厅长召集研究内外贸一体化试点工作方案。

5月26日，孙津副厅长参加省委巡视办专题会议。

5月26日，倪海清副厅长在省会场参加长三角地区常务副省(市)长碰头会电视电话会议。

5月26日，朱益民一级巡视员带队在镇江市开展经济开发区安全专项整治督查。

5月27日，姜昕副厅长赴江苏省港口集团有限公司开展口岸运行情况专题调研。

5月27日，吴海云副厅长召集研究厅安全生产活动月有关安排。

5月30日，陈涛厅长参加省政府召开的稳定经济增长视频会议。

5月30日,吴海云副厅长召集研究优化审批助力企业纾困解难专班方案。

5月30日,吴海云副厅长在主会场参加全省自建房安全专项整治工作部署会。

5月30日,孙津副厅长召集研究外资企业座谈会、省领导与法国企业视频交流会等有关工作。

5月30日,郁冰滢二级巡视员参加省政府召开的全省普通高等学校毕业生就业创业工作电视电话会议。

5月30日,省商务厅厅党组召开专题会议,传达学习中共中央、省委办公厅关于意识形态领域情况通报及2022年全省意识形态工作任务清单,审议通过《关于推动党史学习教育常态化长效化的实施方案》。

5月31日,姜昕副厅长召开跨境贸易便利化专班会议。

5月31日,国务院安全生产委员会(以下简称"安委会")办公室、应急管理部在北京举行全国"安全生产月"活动启动视频会议。国务委员、国务院安委会副主任王勇出席并宣布2022年全国"安全生产月"活动启动。江苏省在全国"安全生产月"活动启动视频会议结束后召开续会,省委常委、常务副省长费高云宣布全省"安全生产月"活动启动并讲话。吴海云副厅长参加上述会议。

5月31日,吴海云副厅长召开老字号"三进三促"活动启动方案审查会议。

5月31日,吴海云副厅长召开商务领域行政权力事项(行政许可)助企纾困工作专班第一次会议。

5月31日,中俄边境和地方间经贸合作常设工作组和经济特区合作常设工作组第二次会议通过视频方式召开。中国商务部欧亚司副司长刘雪松和俄罗斯经济发展部副部长沃利瓦奇出席。孙津副厅长参加会议并围绕积极推进中俄大豆"结对子"合作发言。

5月31日,孙津副厅长视频出席江苏—北布拉邦新能源汽车产业合作交流会。

5月31日,倪海清副厅长在省分会场参加全国乡村振兴局长视频会议。

5月31日,郁冰滢二级巡视员参加商务部召开的电子商务工作调研视频座谈会。

6月1日,陈涛厅长参加中央第二生态环境保护督察组督察江苏省反馈会议。

6月1日,陈涛厅长、周晓阳副厅长出席省商务厅联合省税务局、省外汇管理局、南京海关和中国出口信用保险公司江苏分公司举办"多措并举稳外贸"政策宣讲会。

6月1日,孙津副厅长参加省委召开的扎实稳住经济相关政策梳理优化工作会议。

6月1日,倪海清副厅长参加张謇企业家学院建设发展协调小组第二次会议。

6月1日,王存二级巡视员参加第五届中国国际进口博览会部分地方商务主管部门电视电话会议。

6月2日,吴海云副厅长出席2022年江苏省老字号"三进三促"启动仪式暨南京站活动启动仪式。

6月2日,孙津副厅长会见安利(中国)日用品有限公司江苏分公司政府事务经理解政生,并接受该司赠送的"热忱服务践初心,助企抗疫解急难"锦旗。

6月2日,孙津副厅长赴南京江北新区开展工作调研。

6月2日,王存二级巡视员在主会场参加全省常态化疫情防控工作视频会议。

6月2日,王存二级巡视员在淮安出席2022"幸福满淮·安心消费"夏季购物节启动仪式。

6月6日,陈涛厅长研究"两稳一促"运行情况。

6月7日,陈涛厅长陪同许昆林省长赴江苏省苏豪控股集团有限公司调研。

6月7日,省疫情联防联控指挥部召开专题会议。陈涛厅长参加会议。

6月7日,吴海云副厅长在省分会场参加全国自建房安全专项整治工作推进视频会议。

6月7日,吴海云副厅长召开省商务厅互联网＋监管和"双随机、一公开"监管工作推进会议。

6月7日,孙津副厅长、周晓阳副厅长召开省商务厅稳外贸稳外资、外贸新业态提升及外资补链延链强链三个专班工作会议。

6月7日,倪海清副厅长参加省统计局召开的高质量发展建设评价考核工作部门联席会议。

6月8日,陈涛厅长参加省疫情联防联控指挥部专题会议。

6月8日,姜昕副厅长与扬州市商务局有关负责同志交流工作。

6月8日,孙津副厅长会见戴德梁行中国区项目及企业服务部董事总经理魏超英一行。

6月8日,倪海清副厅长赴中国国际贸易促进委员会南京分会推进省政协第0516号提案办理工作。

6月8日,倪海清副厅长出席2022年中国出口信用保险公司江苏分公司第三届小微客户服务节启动仪式。

6月9日,陈涛厅长参加全省科学技术奖励大会。

6月9日,周晓阳副厅长参加商务部外贸司召开的国际物流专题会议。

6月9日,郁冰滢二级巡视员参加陈星莺副省长召开的人社数字化建设工作会议。

6月10日,陈涛厅长、孙津副厅长参加省政府召开的外资企业政企沟通圆桌会议。

6月10日,陈涛厅长召集研究"两稳一促"工作。

6月10日,姜昕副厅长与江苏省电子口岸公司交流工作。

6月10日,吴海云副厅长参加在省市场监管局召开的省扶持个体工商户发展联席会议第一次全体成员会议。

6月10日,吴海云副厅长召集研究老字号博览会筹备工作。

6月10日,倪海清副厅长参加甘肃、江苏两省开展省际交流合作会商会。

6月10日,倪海清副厅长出席《中国(江苏)自由贸易试验区制度创新蓝皮书2022》发布暨研讨会。

6月10日,朱益民一级巡视员在如皋出席斯堪尼亚商用车项目暨斯堪尼亚如皋制造基地工程建设启动仪式。

6月10日,郁冰滢二级巡视员召集研究商务系统数字政府建设实施方案。

6月10日,王存二级巡视员参加全国商务系统统筹疫情防控和消费促进工作电视电话会议。

6月10日,王存二级巡视员出席中国(江苏)自由贸易试验区研究院在线举办的中国(江苏)自由贸易试验区新发展研讨会。

6月13日,陈涛厅长参加省政府召开的稳定经济增长视频调度会议。

6月13日,姜昕副厅长出席省政府召开的"奋进新江苏 建功新时代"系列主题新闻发布会。

6月13日,姜昕副厅长参加省委政法委有关工作专题会议。

6月13日,倪海清副厅长参加省统计局召开的地区生产总值统一核算工作联席会议。

6月13日,郁冰滢二级巡视员召集研究省商务厅与中国邮政集团有限公司江苏省分公司签署战略合作协议有关事宜。

6月13日,王存二级巡视员出席2022年"苏新消费"苏宁易购专项活动。

6月14日,吴海云副厅长参加省政府召开的促进中小企业发展工作领导小组第五次会议。

6月14日,孙津副厅长与商务部亚洲司视频会商东盟—中日韩(10+3)产业链供应链合作论坛暨东亚企业家太湖论坛筹备工作。

6月14日,郁冰滢二级巡视员召开电子商务进农村综合示范绩效评价和专项整改工作会议。

6月14日,郁冰滢二级巡视员召开电商集聚发展座谈会。

6月14日,省商务厅党组会审议通过《江苏省商务厅关于加强优秀年轻干部培养选拔工作的实施办法》《江苏省商务厅关于选派优秀年轻干部赴基

层挂职锻炼的实施办法》。

6月15日,陈涛厅长、孙津副厅长参加省政府召开的省政府部门和法资企业政策交流会。

6月15日,陈涛厅长主持召开商务系统数字政府建设专题研究会。郁冰滢二级巡视员参加会议。

6月15日,吴海云副厅长检查老字号博览会筹备工作情况。

6月15日,倪海清副厅长出席省贸促会举办的FTA智慧应用公共服务平台上线仪式。

6月15日,倪海清副厅长出席省会计学会召开的金融政策工具支持江苏商务高质量发展专题研讨会。

6月15日,郁冰滢二级巡视员参加全省"百校千企万岗"技校助企送工专项活动暨技工院校产教融合工作会议。

6月16日,陈涛厅长参加省委十四届二次全会。

6月16日,姜昕副厅长在泰州召开全省餐饮场所燃气安全生产工作推进会,并开展餐饮场所燃气安全生产工作检查。

6月16日,周晓阳副厅长出席江苏新华报业传媒集团有限公司江苏Now国际传播中心成立暨"江苏这十年"融媒体行动启动仪式。

6月16日,周晓阳副厅长视频参加商务部贸易救济调查局举办的贸易调整援助政策宣讲与专题培训会开班仪式。

6月16日,倪海清副厅长召开省商务厅重点课题开题会。

6月16日,倪海清副厅长出席"开放发展在江苏"调研座谈会。

6月17日,陈涛厅长率队赴连云港市徐圩新区检查调研,深入基层和企业开展安全生产"百团进百万企业千万员工"专题宣讲。吴海云副厅长主持宣讲。

6月17日,省商务厅党组成员、直属机关党委书记、副厅长陈晓梅参加省委第五督查组在省商务厅开展的《中国共产党党和国家机关基层组织工作条例》督查"回头看"现场回访。

6月17日,姜昕副厅长出席2022中国扬州淮扬菜美食节暨第四届中国早茶文化节开幕式,并在扬州开展餐饮场所燃气安全生产工作检查。

6月17日,孙津副厅长出席西门子全球首座原生数字化工厂——西门子数控(南京)有限公司新工厂开业庆典。

6月17日,倪海清副厅长参加省政协举办的习近平新时代中国特色社会主义思想学习座谈暨元宇宙与数字经济发展委员讲堂活动。

6月17日,郁冰滢二级巡视员出席在昆山举办的2022年全国新能源汽车下乡首场活动启动仪式暨"苏新消费"2022昆山夏季购物节。

6月17日,王存二级巡视员出席第四届中国(江苏)老字号博览会开幕式并致辞。

6月18日,陈涛厅长、吴海云副厅长在连云港出席省商务厅与连云港市政府签署战略合作协议签约仪式。

6月20日,陈涛厅长、王存二级巡视员参加省政府召开的研究江苏《关于进一步释放消费潜力促进消费加快恢复和高质量发展的实施意见(拟提审稿)》专题会议。

6月20日,陈涛厅长参加费高云常务副省长召开的分管部门信息化建设工作专题会议。

6月20日,姜昕副厅长在主会场参加全省燃气安全工作部署会。

6月20日至21日,孙津副厅长在青岛参加第三届跨国公司领导人青岛峰会。

6月20日,倪海清副厅长在省分会场参加全国乡村建设工作会议。

6月20日,省委财经办召开部分成员单位经济形势分析会。倪海清副厅长参加会议。

6月20日,郁冰滢二级巡视员参加省政府召开的研究江苏《坚持长短结合做好稳定和扩大就业工作的若干措施(拟提审稿)》专题会议。

6月20日,郁冰滢二级巡视员参加省委教育工作领导小组专题会议。

6月20日,王存二级巡视员出席2022第十届中国(南京)国际糖酒食品交易会开幕式。

6月21日,姜昕副厅长参加省公安厅专题会议。

6月21日,吴海云副厅长在南京开展老字号工作调研。

6月21日,倪海清副厅长在省政府参加统计工作有关专题会议。

6月21日,郁冰滢二级巡视员在镇江开展商务领域安全生产宣讲及专项检查。

6月22日至23日,陈涛厅长参加省党代表会议。

6月22日,姜昕副厅长陪同甘肃省委常委、副省长张锦刚一行在南京开展工作调研。

6月22日,吴海云副厅长带队赴苏美达股份有限公司开展内外贸一体化工作专题调研。

6月22日,孙津副厅长会见沃尔玛(中国)投资有限公司事务总监移戈一行。

6月22日,孙津副厅长会见香港贸易发展局驻江苏离任代表张厦和新任代表佘培培。

6月22日,周晓阳副厅长召开重点地区外贸形势视频座谈会。

6月22日,周晓阳副厅长主持厅机关"俄乌冲突的国际政治经济影响及其启示"专题讲座。

6月23日,陈晓梅副厅长召开2022年全省年中外经工作视频座谈会。

6月23日,姜昕副厅长召集研究年度第二批贸易促进计划有关工作。

6月23日,孙津副厅长参加省政府召开的南京市服务业扩大开放综合试点争取工作专题会议。

6月23日至24日,朱益民一级巡视员带队在盐城市、宿迁市开展商务领域安全专项整治督查,并在宿迁市召开苏北片区经济开发区安全专项整治工作座谈会,进行安全生产专题宣讲。

6月24日,陈涛厅长参加省政府召开的稳定经济增长视频调度会议。

6月24日,姜昕副厅长召集研究重大风险防范有关工作。

6月24日,孙津副厅长视频出席在常熟举办的江苏省氢能产业合作交流会。

6月25日,姜昕副厅长出席在宿迁举办的"水韵江苏·有你会更美"文旅消费推广第三季启动仪式。

6月26日,第八届"紫金奖"文化创意设计大赛颁奖典礼暨优秀作品展在南京开幕。省商务厅作为"老字号企业定制设计赛"主办方获省委宣传部、大赛组委会颁发的第八届"紫金奖"文化创意设计大赛"组织促进奖"。吴海云副厅长受邀为"紫金奖"文创产品设计大赛金奖获得者颁奖。

6月27日,陈涛厅长陪同胡广杰副省长会见山西省副省长汤志平一行。

6月27日,陈涛厅长会见阿斯利康全球执行副总裁王磊一行。孙津副厅长参加会见。

6月27日至28日,吴海云副厅长参加九三学社江苏省第九次代表大会。

6月27日,孙津副厅长参加省人大召开的《江苏省保护和促进香港澳门同胞投资条例(修改方案)》征求意见座谈会。

6月27日,倪海清副厅长参加省政府召开的研究讨论《关于公布江苏省行政许可事项清单的通知》专题会议。

6月27日,郁冰滢二级巡视员参加胡广杰副省长在常州召开的汽车产业链工作会议。

6月27日,王存二级巡视员在常州开展安全生产检查和宣讲。

6月28日,陈涛厅长参加全省民营企业家座谈会。

6月28日,陈涛厅长参加外事工作座谈会。

6月28日,厅党组成员、直属机关党委书记、副厅长陈晓梅出席省商务厅"光荣在党50年"纪念章颁发仪式,并为党龄满50年的部分老党员颁发纪念章。

6月28日,姜昕副厅长召集研究省商务厅参加政风热线有关工作。

6月28日,孙津副厅长视频出席江苏(徐州)—新加坡双向投资合作交流会。

6月28日,周晓阳副厅长参加省进口物品疫情防控组专题工作会议。

6月28日,倪海清副厅长在南京江北新区出席扬子江国际数字贸易创新发展研究院揭牌仪式。

6月28日,王存二级巡视员出席省政府召开的进一步释放消费潜力促进

消费加快恢复和高质量发展新闻发布会。

6月29日,陈涛厅长、姜昕副厅长参加省安委会召开的省安委会全体(扩大)会议暨重点行业领域百日攻坚行动部署会。

6月29日,陈涛厅长陪同省委吴政隆书记赴常州出席美敦力康辉常州科技园项目签约仪式。

6月29日,陈晓梅副厅长召集研究投资促进中心相关专项工作经费事宜。

6月29日,吴海云副厅长参加省委国安办专题会议。

6月29日,吴海云副厅长召集研究省预付卡管理联席会议筹备工作。

6月29日至30日,孙津副厅长赴苏州对接东盟—中日韩(10+3)产业链供应链合作论坛暨东亚企业家太湖论坛筹备工作。

6月29日,郁冰滢二级巡视员在江阴召开电子商务进农村综合示范工作推进会。

6月30日,姜昕副厅长召开省口岸工作领导小组联络员会议。

6月30日,郁冰滢二级巡视员在无锡指导全省报废机动车回收资质认定现场验收评审专家培训。

7月1日,厅党组书记陈涛主持召开厅党组理论中心组学习(扩大)会暨厅长办公会和厅党组会,传达学习习近平总书记在中央政治局第四十次集体学习时的重要讲话精神,研究贯彻落实工作。厅领导班子成员参加会议。

7月1日,陈涛厅长、郁冰滢二级巡视员出席省商务厅与中国邮政集团有限公司江苏省分公司《战略合作协议》签约仪式。

7月1日,姜昕副厅长召集研究江苏参加中国兰州投资贸易洽谈会有关工作。

7月1日,孙津副厅长召开东盟—中日韩(10+3)产业链供应链合作论坛暨东亚企业家太湖论坛省有关部门及设区市筹备工作会议和厅内任务分工部署会议。

7月1日,周晓阳副厅长参加省中欧班列高质量发展协调推进小组视频会议。

7月1日,倪海清副厅长出席昆山市建设金融支持深化两岸产业合作改革创新试验区省级联席会议机制会议。

7月1日,王存二级巡视员召开厅高水平制度型开放突破专班工作推进会议。

7月4日,姜昕副厅长在江苏分会场参加全国燃气安全防范工作视频会议。

7月4日,倪海清副厅长召开2022年商务领域改革工作第二次推进会议。

7月5日,陈涛厅长召集研究上半年"两稳一促"运行情况。孙津副厅长、周晓阳副厅长、倪海清副厅长、王存二级巡视员参加。

7月5日,陈涛厅长参加省疫情防控指挥部视频会议。

7月5日,陈晓梅副厅长召开深化"一带一路"经贸合作工作专班会议。

7月5日,姜昕副厅长召开厅跨境贸易便利化专班会议。

7月5日,吴海云副厅长参加2022年全国打击侵权假冒工作电视电话会议。

7月5日,倪海清副厅长出席致公党江苏省第七次代表大会。

7月6日,陈涛厅长参加省委上半年全省经济形势分析专题会议。

7月6日,陈涛厅长、孙津副厅长出席省外商投资企业协会第九届一次会员代表大会。

7月6日至8日,姜昕副厅长参加第28届中国兰州投资贸易洽谈会有关活动。

7月6日,商务部驻南京特办王选庆特派员在省商务厅召开预付卡管理工作调研座谈会。吴海云副厅长参加会议。

7月6日,倪海清副厅长会同省财政厅徐洪林副厅长赴中国电子口岸数据中心南京分中心开展调研。

7月6日,郁冰莹二级巡视员出席2022江苏省数字乡村发展大会。

7月7日,陈涛厅长参加省政府推进政府数字化转型工作会议。

7月7日,陈涛厅长召集研究消费促进有关工作。吴海云副厅长、郁冰滢

二级巡视员、王存二级巡视员参加会议。

7月7日,郁冰滢二级巡视员以普通党员身份参加市建处、财务处、电商处、信息中心党支部,以及市建处党支部结对共建的省农业农村厅市场与信息化处党支部联合开展的"以案说法 依法行政"主题党课活动。

7月8日至10日,吴海云副厅长出席2022年江苏省老字号"三进三促"泰州站活动开幕式。

7月8日,周晓阳副厅长参加全省深化安可替代工作部署会。

7月8日,倪海清副厅长出席省社会主义学院省统战理论研究基地成立暨新址办学30周年座谈会。

7月8日,郁冰滢二级巡视员召集研究分管领域数据统计工作。

7月8日,吴海云副厅长参加全国自建房安全专项整治工作推进视频会议。

7月8日,驻厅纪检监察组郝建祥组长召开省商务诚信公众服务平台建设工作专题会议。

7月8日,倪海清副厅长赴长江产业经济研究院会商加强合作有关事宜。

7月8日,王存二级巡视员出席"苏新消费·绿色节能家电促消费专项活动"新闻发布会。

7月8日,王存二级巡视员视频参加长三角自由贸易试验区联盟第二次工作会议。

7月9日,倪海清副厅长召开由国务院发展研究中心承担的"以开放创新推动江苏高质量发展走在前列"课题结项专家评审会。

7月11日,陈涛厅长陪同省委吴政隆书记在南京海关调研。

7月11日,陈涛厅长召集研究东盟—中日韩(10+3)产业链供应链合作论坛暨东亚企业家太湖论坛筹备工作,孙津副厅长参加。

7月11日,姜昕副厅长赴省政务服务管理办公室沟通政风热线上线工作。

7月11日,吴海云副厅长参加全国安全生产电视电话会议及江苏省续会。

7月11日,吴海云副厅长参加中欧班列合作论坛筹备专题会。

7月11日至12日,周晓阳副厅长陪同省政协王荣平副主席在苏州市开展高质量推进"一带一路"建设"五大计划"民主监督调研。

7月11日,倪海清副厅长参加迎接党的二十大胜利召开主题成就展江苏展区领导小组会议。

7月11日,朱益民一级巡视员参加与新疆克孜勒苏柯尔克孜自治州调研对接座谈会。

7月12日,陈涛厅长陪同省委吴政隆书记赴江苏省电力有限公司调研。

7月12日,陈涛厅长会见中国出口信用保险公司江苏分公司李志展总经理。倪海清副厅长参加会见。

7月12日,陈涛厅长会见张家港市蔡剑峰市长。

7月12日,吴海云副厅长召集研究省预付卡管理联席会议筹备工作。

7月12日,孙津副厅长参加外商投资法执法检查部署会议。

7月12日,郁冰滢二级巡视员会见苏宁易购副总裁王哲一行。

7月13日,姜昕副厅长在南京港龙潭集装箱有限公司码头出席南京—海防—胡志明外贸航线启动仪式。

7月13日至14日,孙津副厅长赴商务部对接东盟—中日韩(10+3)产业链供应链合作论坛暨东亚企业家太湖论坛有关工作。

7月13日,倪海清副厅长参加第六届江苏智库峰会暨省社科界第十五届学术大会高层论坛。

7月13日,郁冰莹二级巡视员赴阿里巴巴江苏项目总部调研座谈。

7月14日,陈涛厅长参加全国医改工作电视电话会议。

7月14日,陈涛厅长陪同省委吴政隆书记、许昆林省长视频会见日本福冈县知事和议长。

7月14日至15日,吴海云副厅长带队赴苏州市重点商圈、重点街区、重点企业开展工作调研和安全生产检查。

7月14日,朱益民一级巡视员参加省政府青海零碳产业工作对接会。

7月14日,郁冰莹二级巡视员与宿迁市相关部门、京东集团江苏负责人

座谈交流。

7月15日,姜昕副厅长在江苏分会场参加2022年中国国际服务贸易交易会省区市视频工作会议。

7月15日,倪海清副厅长在济南参加商务部财务司、财政部经济建设司召开的外经贸提质增效示范工作推进会。

7月15日,郁冰滢二级巡视员参加全省汽车流通工作座谈会。

7月18日,孙津副厅长在省政府参加南京市服务业扩大开放综合试点争取工作专题会议。

7月18日,倪海清副厅长参加省人大上半年经济社会发展情况座谈会。

7月18日,王存二级巡视员在省政府参加省级整治疫情防控"层层加码"问题专班会议。

7月19日,厅领导班子出席省委老干部局和省商务厅联合举办的"新思想e起学"青年读书交流活动。

7月19日,孙津副厅长召集研究东盟—中日韩(10+3)产业链供应链合作论坛暨东亚企业家太湖论坛筹备工作。

7月19日,周晓阳副厅长参加省政府纺织服装产业链专题会议。

7月19日,王存二级巡视员赴省住房和城乡建设厅沟通成品油流通管理办法实施细则相关工作。

7月19日,郁冰莹二级巡视员出席2022年第八届江苏省"互联网+"大学生创新创业大赛颁奖典礼及闭幕式活动。

7月20日,陈涛厅长主持召开专题会议,听取13个专班工作进展情况汇报,研究部署下一步工作。厅领导班子成员参加会议。

7月20日,吴海云副厅长召集研究第五届中国国际进口博览会人文交流活动展示方案。

7月20日,吴海云副厅长研究助企纾困政策解读有关事项。

7月20日,倪海清副厅长与省财政厅财政监督局对接2021年度内部控制建设和执行情况进驻检查有关工作。

7月20日,倪海清副厅长召开2022年江苏省工程机械产业提质增效示范工作推进会。

7月20日,朱益民一级巡视员带队赴扬州市开展经济开发区安全专项整治督查。

7月21日,姜昕副厅长赴南京海关就推动促进口岸跨境贸易便利化工作座谈交流。

7月21日,吴海云副厅长参加商务部单用途预付卡管理工作线上座谈会。

7月21日,吴海云副厅长出席"助企纾困稳经济 巾帼建功绽芳华"主题活动。

7月21日,孙津副厅长在江苏主会场线上参加海外贸易联合会、中国国际进口博览局举办的"支持台企发展 深化两岸融合"政策宣介会暨第五届进博会线上推介活动。

7月21日,周晓阳副厅长参加纺织服装品牌建设专题会议。

7月21日至24日,倪海清副厅长在青海出席第二十三届中国青海结构调整暨投资贸易洽谈会有关活动。

7月22日,姜昕副厅长召集研究跨境贸易便利化相关工作。

7月22日,孙津副厅长参加省政府研究经贸招商团组出国管理工作专题会议。

7月22日,孙津副厅长召开东盟—中日韩(10+3)产业链供应链合作论坛暨东亚企业家太湖论坛分论坛筹备工作视频会议。

7月22日,周晓阳副厅长参加商务部世贸组织第12届部长级会议成果培训班开班式。

7月22日,郁冰滢二级巡视员参加商务部全国县域商业体系建设工作推进视频会。

7月22日,郁冰滢二级巡视员召开厅网络安全和信息化工作会议。

7月25日,陈涛厅长赴常州开展商务工作调研。

7月25日,姜昕副厅长在南京开展会展企业工作调研。

7月25日,孙津副厅长赴省外汇管理局交流外资工作。

7月25日,周晓阳副厅长出席省政府《关于推动外贸保稳提质的若干措施》新闻发布会。

7月25日,郁冰莹二级巡视员赴苏州调研2022江苏电商直播节筹备和数字政府建设有关工作。

7月25日至27日,王存二级巡视员在海口参加第二届中国国际消费品博览会暨全球消费论坛。

7月26日,姜昕副厅长视频参加国务院发展研究中心对外经济研究部全面深化服务贸易创新发展试点中期评估座谈会。

7月26日至27日,郁冰莹二级巡视员赴盐城市调研农村电商发展情况。

7月27日,姜昕副厅长在省政府参加研究《江苏省推进社会信用体系建设高质量发展服务促进形成新发展格局的实施意见》专题会。

7月27日,孙津副厅长出席东盟—中日韩(10+3)产业链供应链合作论坛暨东亚企业家太湖论坛新闻发布会。

7月27日,孙津副厅长赴苏州检查推进东盟—中日韩(10+3)产业链供应链合作论坛暨东亚企业家太湖论坛筹备工作。

7月27日,周晓阳副厅长参加省委对台工作领导小组会议。

7月28日至29日,吴海云副厅长赴南通市崇川区和江苏南通国际家纺产业园区开展商贸流通工作调研和安全生产检查。

7月28日,倪海清副厅长在苏州参加淮安(苏州)投资环境说明会并致辞。

7月28日,郁冰滢二级巡视员陪同商务部流通司李刚副司长在盐城开展工作调研。

7月28日,王存二级巡视员在江苏分会场参加全国成品油行业管理有关工作视频会议。

7月28日,王存二级巡视员赴省级机关事务管理局沟通工作。

7月29日,东盟—中日韩(10+3)产业链供应链合作论坛暨东亚企业家太湖论坛在苏州举行。国务院副总理胡春华发表视频致辞,许昆林省长视频致辞,省委常委、常务副省长费高云主持论坛第一阶段,商务部部长助理李飞、中国国际贸易促进委员会副会长陈建安致辞,柬埔寨王国副首相兼财经大臣安蓬、泰国副总理兼商业部长朱林、印度尼西亚海洋与投资统筹部长卢胡特、马来西亚首相署经济事务部长穆斯塔法、新加坡贸工部长颜金勇、韩国产业通商资源部通商交涉本部长安德根、东盟秘书长林玉辉、世界贸易组织副总干事张向晨分别视频致辞。陈涛厅长主持论坛第二阶段,孙津副厅长、倪海清副厅长分别出席共建经贸创新发展示范园区论坛和区域全面经济伙伴关系协定(RCEP)实施论坛并发言。

7月29日至30日,陈涛厅长、陈晓梅副厅长在南京分会场参加中央统战工作会议。

7月29日,姜昕副厅长出席第9届南京门窗移门定制展与江苏省门窗协会第一次会员大会。

7月29日,姜昕副厅长在省应急管理厅参加燃气安全有关调研报告专题会商研究。

7月29日,周晓阳副厅长参加省进口物品疫情防控组工作会议。

8月1日,陈涛厅长陪同省领导会见云南省党政代表团。

8月1日,陈涛厅长参加江苏省双拥模范城市命名暨双拥模范单位和先进个人表彰大会。

8月1日,王存二级巡视员召开绿色节能家电消费促进专项活动调度会。

8月2日,方伟副省长在省商务厅开展工作调研和座谈活动。陈涛厅长率厅领导班子成员参加调研和座谈。

8月2日至4日,姜昕副厅长赴国家口岸管理办公室、商务部服务贸易和商贸服务业司汇报对接工作。

8月2日,倪海清副厅长在省主会场参加全省政策性开发性金融工具备选项目推进电视电话会议。

8月3日至4日,陈涛厅长在苏州开展稳外贸稳外资工作调研。

8月3日,郁冰滢二级巡视员在南京高淳开展县域商业体系建设和产业电商集聚发展情况调研。

8月3日,陈晓梅副厅长、周晓阳副厅长、倪海清副厅长出席厅机关"全球

经济大变局下江苏开放型经济如何争创新优势"专题讲座。

8月4日,孙津副厅长出席香港特区政府驻沪办在南京举办的庆祝香港回归祖国25周年——"砥砺奋进二十五载 携手再上新征程"成就展开幕典礼。

8月4日,孙津副厅长参加中日(苏州)地方发展合作示范区建设发展协调推进工作机制第三次会议。

8月4日,倪海清副厅长召开2023年部门预算编报工作部署会。

8月4日,王存二级巡视员参加省统计局数据入统工作有关会议。

8月5日,周晓阳副厅长召开部分地区外贸形势座谈会。

8月8日,厅党组书记陈涛召开厅党组(扩大)会,传达学习习近平总书记在省部级主要领导干部专题研讨班上的重要讲话精神,并围绕《习近平谈治国理政》第四卷做研讨交流,对厅机关深入开展专题学习活动做出全面安排部署。厅党组成员及处室领导参加会议。

8月8日,陈晓梅副厅长参加省委政法委员会有关专题会议。

8月9日,陈涛厅长陪同方伟副省长赴南京海关调研。

8月9日,姜昕副厅长参加省政府推进数字贸易加快发展若干措施专题会议。

8月9日,倪海清副厅长在省政府参加贯彻落实中共中央、国务院"关于加快建设全国统一大市场的意见,研究完善江苏省实施意见"专题会议和"十四五"规划有关工作专题会议。

8月9日至10日,郁冰滢二级巡视员在南通召开全省县域商业体系建设工作推进现场会。

8月9日,王存二级巡视员在苏州出席2022苏州首店经济发展大会暨进口贸易促进大会。

8月10日,孙津副厅长会见迪卡侬中国副总裁王亭亭。

8月10日至12日,周晓阳副厅长参加商务部产业安全与进出口管制局在南通开展的联合执法调研和部分企业两用物项出口管制座谈会。

8月10日,倪海清副厅长参加费高云常务副省长召开的专题会议。

8月10日,倪海清副厅长召开分管部门季度工作推进会。

8月11日,陈涛厅长陪同方伟副省长赴国家外汇管理局江苏省分局、中国出口信用保险公司江苏分公司调研。

8月11日,陈涛厅长通过视频连线方式会见德国杜伊斯堡市林克市长。孙津副厅长参加会见。

8月11日,姜昕副厅长召集研究上半年商务运行情况新闻发布会相关事宜。

8月11日至13日,周晓阳副厅长出席2022中国南通跨境电商选品博览会开幕式。

8月11日,倪海清副厅长参加省委考核办半年评估情况专题汇报会议。

8月11日,倪海清副厅长赴省财政厅会商工作。

8月11日,王存二级巡视员出席2022中国(南京)首店经济发展推介会。

8月12日,许昆林省长视频会见阿斯利康全球首席执行官苏博科。陈涛厅长陪同会见。

8月12日,陈涛厅长参加省政府重点工作推进部署视频会议。

8月12日,陈涛厅长主持召开上半年全省商务工作座谈会,厅领导班子成员参加。

8月12日,陈晓梅副厅长以视频方式参加商务部与乌兹别克斯坦投资和外贸部召开的中乌投资合作工作组第二次会议。

8月12日,姜昕副厅长在省政府参加省安全生产巡查工作领导小组会议暨第一、二批巡查动员会。

8月12日,孙津副厅长出席江苏(无锡)—新加坡集成电路/智能制造产业合作交流会。

8月12日,倪海清副厅长出席辽宁—江苏重点产业合作交流对接会。

8月13日至14日,郁冰莹二级巡视员出席第八届(济南)电子商务产业博览会有关活动。

8月14日至15日,倪海清副厅长在西安参加"第六届丝绸之路国际博览会暨中国东西部合作与投资贸易洽谈会"开幕式等活动,并看望慰问省商务

厅在陕挂职干部。

8月15日,陈涛厅长参加省委理论学习中心组学习会。

8月15日,姜昕副厅长与浙江省商务厅来苏调研组座谈交流。

8月15日,姜昕副厅长出席2022年上半年商务运行情况新闻发布会。

8月15日至16日,郁冰滢二级巡视员召开汇通达参与县域商业体系建设对接交流会。

8月16日,姜昕副厅长召集研究近期展会有关工作。

8月16日,吴海云副厅长在江苏分会场参加全国塑料污染治理工作电视电话会议。

8月16日,倪海清副厅长参加国务院视频座谈会(经济分析)。

8月16日,倪海清副厅长参加中办督查调研组访谈。

8月17日,陈晓梅副厅长在江苏分会场参加中央农村工作领导小组组织的习近平总书记关于"三农"工作重要论述宣讲活动。

8月17日,陈晓梅副厅长参加省委统一战线工作领导小组(新的社会阶层人士统战工作)专题会议。

8月17日至19日,姜昕副厅长在盐城东台开展安全生产巡查。

8月17日,周晓阳副厅长在江苏分会场参加全国稳外贸稳外资扩消费电视电话会议。

8月17日,朱益民一级巡视员会见新就任的日本伊藤忠商事株式会社执行董事兼东亚区总裁、中国区总代表齐藤晃一行。

8月17日,郁冰滢二级巡视员在泰州参加省委网络安全和信息化委员办公室组织的"2022年江苏省网络安全事件应急演练"。

8月17日,王存二级巡视员与省机关事务管理局领导赴南京市中华路50号协调有关产权移交事项。

8月18日,陈涛厅长陪同省委吴政隆书记会见韩国SK集团副会长、中国事务总负责人徐镇宇一行。

8月18日,倪海清副厅长在省委参加对口支援电视电话会议。

8月18日,陈晓梅副厅长参加省委农村工作领导小组会议。

8月18日,周晓阳副厅长陪同方伟副省长会见越南驻沪总领事宁成功一行。

8月18日,倪海清副厅长出席庆祝中国出口信用保险公司江苏分公司成立二十周年暨新发展格局下助力江苏企业高质量发展高峰论坛。

8月19日,陈涛厅长陪同省委吴政隆书记会见华润(集团)有限公司董事长王祥明一行,并参加省政府与华润集团签约仪式。

8月19日,陈晓梅副厅长以视频方式参加商务部与坦桑尼亚财政计划部召开的中坦经贸混委会第六次会议。

8月19日,吴海云副厅长召集研究试点培育步行街评估验收工作。

8月19日,周晓阳副厅长参加商务部稳外贸视频座谈会。

8月19日,倪海清副厅长以视频方式参加商务部综合司组织的统计业务专项培训。

8月19日,倪海清副厅长召开制度型开放专题会议。

8月19日,郁冰滢二级巡视员召开2022江苏电商直播节新闻发布会。

8月19日,郁冰滢二级巡视员召开《江苏省商务厅等17部门关于搞活汽车流通扩大汽车消费若干措施的通知》征求意见及专家论证会。

8月19日,王存二级巡视员召开全省市场运行和消费促进工作视频会议。

8月22日,陈晓梅副厅长参加省境外公民和机构安全保护联席会议暨"一带一路"建设境外安全保障协调小组扩大会议。

8月22日,陈晓梅副厅长参加省政府"优化外防输入措施,进一步促进中外人员往来和对外交流合作的工作方案"会议。

8月22日,吴海云副厅长参加"紫金奖"文化创意设计大赛组委会专题工作会议。

8月22日,驻厅纪检组郝建祥组长参加省纪律检查委员会监查委员会派驻机构数据查询研判业务培训会。

8月22日,倪海清副厅长参加研究纺织服装产业发展政策专题会议。

8月22日,朱益民一级巡视员出席中国·淮安第二届淮河华商大会。

8月22日,郁冰滢二级巡视员赴江苏省电子商务行业协会开展工作调研。

8月23日,陈涛厅长、倪海清副厅长、王存二级巡视员参加全省稳外贸稳外资扩消费电视电话会议。

8月23日,陈涛厅长、倪海清副厅长出席省委财经委员会办公室在省商务厅召开的"稳定经济运行 担负勇挑大梁重大责任"专题调研会。

8月23日,吴海云副厅长在省政府参加前三季度工业和技改投资形势分析座谈会。

8月23日,孙津副厅长参加全国人大财政经济委员会调研组在南京召开的外商投资法执法检查专项检查座谈会。

8月23日,郁冰滢二级巡视员参加全国人大财政经济委员会调研组在南京召开的数字经济发展情况专项调研座谈会。

8月23日,郁冰滢二级巡视员参加2022年中国农民丰收节江苏省系列活动筹备工作会议。

8月24日,陈涛厅长参加全省稳定经济增长视频调度会议。

8月24日,姜昕副厅长召集研究政风热线省商务厅上线有关事宜。

8月24日,吴海云副厅长召集研究商务诚信平台建设有关工作。

8月24日,孙津副厅长出席《江苏省保护和促进香港澳门投资条例》新闻发布会。

8月24日,孙津副厅长出席省商务厅与中国欧盟商会南京分会在南京共同举办的2022欧盟企业与江苏省政府部门政策交流会。

8月24日,倪海清副厅长参加全省政策性开发性金融工具项目推进工作会议。

8月24日,朱益民一级巡视员参加省政府召开的支持徐州市建设国家可持续发展议程创新示范区工作会议。

8月24日,郁冰滢二级巡视员参加全省就业工作电视电话会议暨就业工作领导小组全体会议。

8月25日至26日,陈涛厅长陪同方伟副省长赴无锡开展工作调研。

8月25日,姜昕副厅长召集研究近期展会活动。

8月25日,孙津副厅长在宁参加国务院稳住经济大盘督导和服务组召开的工作座谈会。

8月25日至26日,倪海清副厅长陪同省政协王荣平副主席赴宿迁调研"提高粮食和重要农副产品供应质量和水平"。

8月25日,孙津副厅长参加国务院督导服务组来苏调研座谈会。

8月25日,朱益民一级巡视员带队赴常州市开展经济开发区安全专项整治督查。

8月26日,陈涛厅长、郁冰滢二级巡视员在苏州出席2022江苏电商直播节有关活动。

8月26日,孙津副厅长召集研究江苏省参加第二十二届中国国际投资贸易洽谈会有关工作。

8月26日,王存二级巡视员召开绿色节能家电消费促进活动专题会议。

8月26日,王存二级巡视员参加成品油市场专项整治工作会议。

8月29日,陈涛厅长、吴海云副厅长在江苏分会场参加全国深化"放管服"改革持续优化营商环境电视电话会议。

8月29日,吴海云副厅长出席2022年全省食品安全宣传周主场活动。

8月29日,吴海云副厅长会见江苏省老字号产业投资基金负责人杨东升一行。

8月30日,陈涛厅长参加省政协政企协商座谈会。

8月30日至9月2日,姜昕副厅长在北京参加2022年中国国际服务贸易交易会有关活动。

8月30日,孙津副厅长参加江苏省淮安台资集聚示范区建设联席会议第四次会议。

8月30日,周晓阳副厅长出席江苏—俄罗斯有机产品出口认证交流会。

8月30日,倪海清副厅长召开制度型开放专家学者座谈会,会商推动江苏制度型开放工作举措。

8月30日,郁冰滢二级巡视员出席江苏省电子商务行业协会第二届理事

会第三次常务理事会议。

8月30日,王存二级巡视员出席中国(江苏)自由贸易试验区设立三周年新闻发布会,发布三周年改革发展主要成效及江苏自贸试验区首批十佳制度创新成果。

8月30日,王存二级巡视员召开绿色节能家电消费促进活动推进会。

8月31日,陈涛厅长陪同省委吴政隆书记会见新加坡丰益国际集团董事局主席郭孔丰一行。

8月31日,陈涛厅长、驻厅纪检组郝建祥组长与省纪委常委、省委巡视办主任王唤春一行座谈交流。

8月31日,陈涛厅长会见中共南京市委江北新区工作委员会副书记、江北新区管理委员会主任吴勇强一行。

8月31日,吴海云副厅长召集研究商务领域放管服改革工作调研有关事宜。

8月31日,孙津副厅长召开厅国家安全人民防线建设小组会议及教育宣讲会。

8月31日,郁冰滢二级巡视员赴江苏省汽车流通协会调研全省汽车流通工作并会商全省汽车促消费活动方案。

9月1日,吴海云副厅长参加省实施城市更新行动和农村住房条件改善专项行动工作推进会。

9月1日,吴海云副厅长参加全省稳增长督导服务暨政策性开发性金融工具项目推进电视电话会议。

9月1日,孙津副厅长召集研究新苏、苏港合作机制有关工作。

9月1日,王存二级巡视员召开消费促进品牌塑造专班工作会议。

9月2日,孙津副厅长参加省人大召开的《江苏省对台经济文化交流合作促进条例》贯彻实施座谈会。

9月2日,孙津副厅长召集研究澳门国际贸易投资展览会江苏参展有关工作。

9月5日,陈涛厅长陪同方伟副省长会见默克中国总裁、默克电子科技业务中国区董事总经理安高博。

9月5日,陈涛厅长、周晓阳副厅长会见中国机电产品进出口商会张钰晶会长一行。

9月5日,吴海云副厅长参加省政府"一带一路"交汇点建设方面中央巡视反馈意见整改任务完成情况"回头看"专题会议。

9月5日,吴海云副厅长以视频方式参加"全国个体工商户服务月"启动仪式。

9月5日,吴海云副厅长召集研究有关分管部门涉诉信访案件处置有关事宜。

9月5日,孙津副厅长在常州出席2022中国—以色列创新合作周开幕式。

9月5日,朱益民一级巡视员出席2022中国·南京金秋经贸洽谈会开幕式。

9月6日,陈涛厅长会见常州市盛蕾市长一行。

9月6日,陈涛厅长带队参加政风热线上线直播活动。

9月6日,陈涛厅长会见来访的新加坡国际企业发展局中国司司长胡丽燕,副司长叶栢安、杨燕仪等一行。孙津副厅长参加会见。

9月6日至8日,姜昕副厅长在盐城东台开展安全生产巡查。

9月6日,吴海云副厅长出席江宁区"十大"百亿级产业集聚区招商推介会。

9月6日,郁冰滢二级巡视员出席第二届江苏省退役军人创业创新大赛颁奖典礼。

9月6日至8日,郁冰滢二级巡视员赴扬州市、宿迁市开展县域商业体系建设调研。

9月6日,王存二级巡视员召开全省商务系统成品油行业专项整治视频会议。

9月7日至9日,陈涛厅长、吴海云副厅长先后陪同商务部钱克明副部长在江苏调研。

9月7日,陈涛厅长出席2022昆山新兴产业发展大会暨昆山开发区国批30周年成果汇报会。

9月7日,周晓阳副厅长出席跨境电商高质量发展论坛暨江苏省跨境电商工程研究中心揭牌仪式。

9月7日,郁冰滢二级巡视员在宿迁出席"直播'由'你 '蟹'逅江苏"2022江苏电商直播节助农专场活动。

9月8日,陈涛厅长出席2022南京全球服务贸易大会暨首届国际数字贸易峰会开幕式。

9月8日,吴海云副厅长召开厅安全生产委员会办公室第三季度工作会议。

9月8日,吴海云副厅长召集研究中国国际进口博览会人文交流活动有关事宜。

9月8日至11日,孙津副厅长率队在厦门出席第二十二届中国国际投资贸易洽谈会。

9月9日,陈涛厅长在江苏分会场参加全国新冠肺炎疫情防控工作电视电话会议及我省续会。

9月9日,陈涛厅长参加省委学习报告会。

9月9日,姜昕副厅长出席宁港数字贸易合作交流会。

9月9日,周晓阳副厅长陪同省政协副主席、中国民主建国会江苏省委员会主任委员洪慧民在南京江北新区就"关于打造江苏工业品B2B垂直跨境电商集聚区的建议"提案开展重点督办。

9月13日至15日,姜昕副厅长在盐城东台开展安全生产巡查。

9月13日至15日,吴海云副厅长陪同商务部市场建设司尹虹副司长在苏州、南通开展单用途预付卡管理工作联合调研。

9月14日,陈涛厅长召集研究中国国际进口博览会"中国这十年"对外开放发展成就展有关工作,周晓阳副厅长、倪海清副厅长、朱益民一级巡视员、王存二级巡视员参加。

9月14日,周晓阳副厅长在江苏分会场参加全国外贸工作电视电话会议。

9月14日至15日,郁冰滢二级巡视员赴盐城出席2022全国大众创业万众创新活动周启动仪式。

9月15日至16日,陈涛厅长、周晓阳副厅长参加省政府先后在常州、泰州召开的苏南片和苏中苏北片外贸形势分析会。

9月15日,默克半导体一体化基地在张家港开工奠基。陈涛厅长陪同方伟副省长,省政府黄澜副秘书长出席活动。

9月15日,2022江苏—德国经贸合作交流会暨江苏—德国产业合作论坛在太仓召开,方伟副省长出席并致辞,省政府黄澜副秘书长出席活动。陈涛厅长主持交流会,孙津副厅长与会发言。

9月15日至16日,姜昕副厅长在无锡出席江苏省旅游发展大会,并开展工作调研。

9月15日,朱益民一级巡视员召开中国国际进口博览会"中国这十年"江苏省对外开放成就展筹备会议。

9月16日,陈涛厅长参加各设区市市委书记座谈会。

9月16日,陈涛厅长陪同方伟副省长在常州调研外贸企业。

9月16日,周晓阳副厅长在泰州参加省政府召开的苏中片外贸形势分析会。

9月16日,倪海清副厅长参加省委组织部"双百工程"挂职人选集体谈话会。

9月16日,郁冰滢二级巡视员会见省人社厅张宏伟副厅长一行(交流平台经济促进就业问题)。

9月16日,郁冰滢二级巡视员参加省政协"推动江苏数字经济高质量发展"重点提案督办会,并汇报提案办理情况。

9月16日,王存二级巡视员赴南京市商务局对接中国国际进口博览会有关工作。

9月19日,陈涛厅长参加省优化营商环境工作推进会议。

9月19日,姜昕副厅长与中海石油气电集团有限公司副总工程师兼中海

油江苏天然气有限责任公司总经理李峰交流工作。

9月19日,姜昕副厅长召集研究餐饮行业安全生产工作。

9月19日,倪海清副厅长参加省委考核办高质量考核座谈会。

9月19日,朱益民一级巡视员会见云南省商务厅副厅长、中国(云南)自由贸易试验区工作办公室副主任张红一行。

9月20日,吴海云副厅长参加省集中打击整治危害药品安全违法犯罪工作领导小组第一次会议。

9月20日,吴海云副厅长召集研究第五届中国国际进口博览会江苏人文交流活动有关方案。

9月20日,孙津副厅长参加省人大《江苏省保护和促进香港澳门投资条例》贯彻实施座谈会。

9月20日,周晓阳副厅长参加商务部第五届中国国际进口博览会全国交易团组织工作电视电话会议并作交流发言。

9月21日,陈涛厅长陪同许昆林省长会见美国霍尼韦尔公司全球高增长地区总裁彭睿仕。

9月21日,姜昕副厅长在省政府参加迎接2022年知识产权保护工作检查考核推进会议。

9月21日,姜昕副厅长参加省语言文字工作委员会(扩大)会议。

9月21日,吴海云副厅长在省政府参加"让文物活起来扩大中华文化国际影响力行动方案"讨论会议。

9月21日,吴海云副厅长出席第五届中国国际进口博览会招商路演江苏专场线上活动。

9月21日,郁冰滢二级巡视员召开厅数字政府建设及网络安全和信息化工作会议。

9月22日,陈涛厅长、孙津副厅长参加省委统战工作会议。

9月22日,陈涛厅长参加方伟副省长召开的分管领域安全生产专题会议。

9月22日,姜昕副厅长在省公安厅参加专题会议。

9月22日,吴海云副厅长在南京调研再生资源回收企业并检查安全生产工作。

9月22日,孙津副厅长视频参加商务部重点外资项目工作专班地方成员会议。

9月22日,周晓阳副厅长参加商务部贸易救济局进口贸易救济业务培训班开班式。

9月22日,朱益民一级巡视员参加省级机关警示教育大会。

9月22日至23日,朱益民一级巡视员带队赴无锡市开展经济开发区安全专项整治督查,并召开苏南片区经济开发区安全专项整治工作座谈会。

9月22日至23日,郁冰滢二级巡视员赴泰州市参加中国农民丰收节江苏主场活动,并在靖江市、泰兴市调研电子商务示范园区、电子商务进农村综合示范建设情况。

9月23日,陈涛厅长在江苏省分会场参加全国安全生产电视电话会议及我省续会。

9月23日,姜昕副厅长召开全省餐饮燃气安全整治"百日行动"工作调度视频会。

9月23日,姜昕副厅长视频参加第五届虹桥国际经济论坛分论坛筹备专题工作会。

9月23日,吴海云副厅长参加全省家庭教育工作推进会。

9月23日,孙津副厅长出席江苏(淮安)—美国食品产业合作交流会。

9月23日,周晓阳副厅长召开全省进出口公平贸易工作站工作交流会。

9月26日,姜昕副厅长赴盐城滨海出席中国海油盐城"绿能港"首船液化天然气接卸仪式。

9月25日、30日,周晓阳副厅长参加省政府外贸监测调度座谈会。

9月26日,陈涛厅长召开全省商务系统安全生产和疫情防控工作电视电话会议。厅领导班子成员参加会议。

9月26日,陈涛厅长陪同省委吴政隆书记会见抖音董事长一行。

9月26日,陈涛厅长陪同许昆林省长会见中企会(北京)企业家商务俱乐

部主席马蔚华一行。

9月26日,姜昕副厅长赴盐城出席中国海油盐城"绿能港"(江苏LNG)项目投产仪式。

9月26日,孙津副厅长在南京出席苏港绿色低碳产融合作交流会。

9月26日至28日,孙津副厅长出席苏港绿色产融对接交流会及"一对一"对接商谈活动。

9月27日,陈涛厅长陪同许昆林省长赴南京应急管理部门、基层派出所、消防救援站、农副产品批发市场、企业等,看望慰问一线工作人员,检查安全生产、疫情防控、市场保供等工作。

9月27日,陈涛厅长、阿里巴巴集团副总裁李然出席2022年省商务厅与阿里巴巴华东有限公司合作备忘录签约仪式。郁冰滢二级巡视员、阿里巴巴华东有限公司总经理李嘉平分别代表厅企签约。

9月27日至28日,姜昕副厅长带队赴盐城港响水港区、射阳港区检查口岸扩大开放国家级验收准备情况。

9月27日,吴海云副厅长参加全省重点行业领域百日攻坚行动调度会。

9月27日,倪海清副厅长召开"RCEP对我省碳泄露风险的影响"视频座谈会。

9月27日,郁冰滢二级巡视员参加省就业工作专题会。

9月28日,陈涛厅长陪同许昆林省长会见美国苹果公司副总裁、大中华区董事总经理葛越和苹果公司副总裁、苹果供应链亚太区负责人崔玉善。

9月28日,陈涛厅长、孙津副厅长在南京参加中韩(盐城)产业园发展工作协调小组第五次会议。

9月28日,陈涛厅长参加省委政法委员会安全维稳有关工作专题会议。

9月28日,吴海云副厅长出席"苏新消费·金秋惠购"主题系列活动新闻发布会。

9月28日,吴海云副厅长出席宿迁苏州风情街开街活动。

9月28日,孙津副厅长召开全省境外企业安全工作视频会议。

9月28日,郁冰滢二级巡视员参加江苏省软件正版化工作核查情况意见反馈会。

9月29日,陈涛厅长参加省政府常务会议,汇报全省经济开发区、加油站和商业场所安全生产专项整治情况。

9月29日,陈涛厅长陪同方伟副省长赴泰州开展安全生产检查。

9月29日,陈涛厅长、朱益民一级巡视员研究中国国际进口博览会对外开放发展成就展江苏专区布展事宜。

9月29日,姜昕副厅长参加省政府加强国庆节和党的二十大期间带班值班等相关工作视频会议。

9月29日,吴海云副厅长参加省人大常委会大运河执法检查反馈工作专题会议。

9月29日,吴海云副厅长召集研究中国国际进口博览会人文交流活动方案。

9月29日,吴海云副厅长出席"2022南京国际消费节(秋季)"启动仪式。

9月29日,孙津副厅长召集研究澳门国际贸易投资展览会江苏形象展示馆布展事宜。

9月29日,倪海清副厅长视频参加商务部财税金融政策培训班开班式。

9月29日,倪海清副厅长参加省委统一战线工作部党外人士情况通报会。

9月29日,郁冰滢二级巡视员参加省政协"提高粮食和重要农副产品供应质量和水平"发展·民生专题协商座谈会。

9月29日,郁冰滢二级巡视员召开厅重要时期网络安全工作部署会议。

9月30日,陈涛厅长在南京出席比亚迪常州二期新能源汽车零部件产业园项目签约活动。

9月30日,吴海云副厅长参加国务院安全生产委员会安全生产大检查"回头看"督导检查工作反馈会。

9月30日,周晓阳副厅长参加商务部外贸政策直报点第一次专题视频会议。

9月30日,周晓阳副厅长参加省政府黄澜副秘书长在厅机关召开的稳外贸工作协调会。

10月8日,姜昕副厅长参加全省重点行业领域安全生产百日攻坚行动调度会。

10月9日,姜昕副厅长召集研究口岸相关工作。

10月9日至11日,郁冰滢二级巡视员赴南通开展成品油经营企业和报废机动车回收拆解企业安全生产专项检查暨商务领域安全生产大检查"回头看"督导检查。

10月10日,姜昕副厅长召集研究贸易促进计划有关事宜。

10月10日,倪海清副厅长参加省委杨琦副秘书长召开的形势分析会。

10月11日,姜昕副厅长参加省政府疫情防控专题会议。

10月11日,吴海云副厅长赴镇江开展商务领域安全生产大检查"回头看"督导检查。

10月11日,孙津副厅长召集研究2022江苏开放创新发展国际咨询会议筹备工作。

10月11日,孙津副厅长与盐城市政府领导会商中韩投资贸易博览会暨江苏—韩国经贸合作交流会筹备工作。

10月11日,倪海清副厅长在南京开展RCEP实施情况调研。

10月13日,陈涛厅长会见麦德龙中国总裁蔡天乐一行,吴海云副厅长参加会见。

10月13日,陈涛厅长会见杜邦公司中国区总经理陈新一行,孙津副厅长参加会见。

10月13日,孙津副厅长会见日本大阪府上海事务所所长南浦秀史一行。

10月13日,周晓阳副厅长参加省政府中欧班列合作论坛筹备推进会。

10月13日,周晓阳副厅长召开第五届中国国际进口博览会江苏交易团秘书处工作会议。

10月14日,姜昕副厅长召集研究2023年贸易促进计划立项工作。

10月14日,孙津副厅长视频出席江苏—加州环保产业合作交流会。

10月14日,周晓阳副厅长参加省政府张文浩副秘书长召开的质量工作专题会议。

10月17日至19日，姜昕副厅长在盐城开展安全生产检查和督导。

10月17日，吴海云副厅长参加省综合治理执行难工作联席会议第二次全体会议。

10月17日，孙津副厅长参加省政府研究第十二届江苏—澳门·葡语国家工商峰会及第二十七届澳门国际贸易投资展览会江苏形象展示馆筹备工作专题会议。

10月17日，周晓阳副厅长与商务部驻南京特派员办事处王选庆特派员座谈交流当前外贸运行形势。

10月17日，朱益民一级巡视员召开江苏参加第五届中国国际进口博览会"中国这十年"对外开放发展成就展工作会议。

10月17日，郁冰滢二级巡视员调研汇通达县域商业建设情况并座谈交流合作备忘录签订事宜。

10月18日，吴海云副厅长参加省安全生产百日攻坚调度会。

10月19日至22日，孙津副厅长赴澳门出席第十二届江苏—澳门·葡语国家工商峰会有关活动。

10月20日，陈涛厅长会见省归国华侨联合会刘标主席一行。

10月20日，倪海清副厅长召开2022年度厅重点课题中期评估交流会。

10月21日，陈涛厅长、姜昕副厅长、吴海云副厅长出席省商务厅与省工商业联合会服务民营经济高质量发展框架协议签约仪式。

10月21日，陈涛厅长会见汇通达网络股份有限公司总裁徐秀贤一行，郁冰滢二级巡视员参加会见。

10月21日，姜昕副厅长、倪海清副厅长与省财政厅副厅长徐洪林会商电子口岸建设工作。

10月21日，周晓阳副厅长视频参加商务部中国国际进口博览会交易团秘书长会议。

10月21日，倪海清副厅长参加省政府涟沭结合部片区整体帮促工作视频会议。

10月21日,朱益民一级巡视员参加省人大先进制造业集群建设和发展情况座谈会。

10月24日,吴海云副厅长召开第五届中国国际进口博览会人文交流活动方案审定会。

10月24日,孙津副厅长出席新苏合作理事会双方秘书处视频工作会议。

10月25日,陈涛厅长参加江苏省传达党的二十大精神大会。

10月25日,陈涛厅长、孙津副厅长、周晓阳副厅长参加省政府第五届中国国际进口博览会江苏交易团专题调度推进会议。

10月25日,朱益民一级巡视员赴江宁经济技术开发区开展安全生产专项整治督查。

10月25日,郁冰滢二级巡视员赴江苏省现代供应链协会开展工作交流。

10月26日至12月8日,厅党组理论学习中心组三次召开专题学习会议,交流研讨学习贯彻党的二十大精神。厅党组书记、厅长陈涛主持会议并讲话,厅领导班子成员紧密联系学习党的二十大精神和商务工作实际分别作了交流发言。

10月26日,姜昕副厅长在南通出席通州湾新出海口吕四起步港区集装箱码头开港大会。

10月26日,倪海清副厅长参加省政府研究数字人民币试点工作专题会议。

10月27日,陈涛厅长陪同省委吴政隆书记会见新加坡金鹰集团董事局主席陈江和一行。

10月27日,陈涛厅长陪同方伟副省长赴扬州调研外贸外资企业。

10月27日,周晓阳副厅长召开跨境电商新零售新模式工作协调会。

10月28日,陈涛厅长陪同方伟副省长调研江苏省苏豪控股集团有限公司。

10月28日,吴海云副厅长参加2022年质量考核工作专题会议。

10月28日,周晓阳副厅长召开第五届中国国际进口博览会江苏交易团组织工作视频推进会暨秘书处工作协调会。

10月31日,陈涛厅长参加省委理论中心组学习会。

10月31日,孙津副厅长参加省海峡两岸关系研究会学习党的二十大精神专题会议。

10月31日,倪海清副厅长赴省财政厅会商2023年预算有关事宜。

10月31日,倪海清副厅长召开财务课题研究推进会。

11月1日,陈涛厅长陪同许昆林省长会见德国巴斯夫集团董事会执行董事凯礼博士一行。

11月1日,陈涛厅长、孙津副厅长、周晓阳副厅长参加省政府研究江苏参加中国国际进口博览会相关工作专题会议。

11月1日,吴海云副厅长参加省政府审议《江苏省国土空间规划(2021—2035年)》工作会议。

11月1日,孙津副厅长召开《江苏省外商投资条例(草案)》立法座谈会。

11月1日,倪海清副厅长参加省政府办公厅研究当前经济形势专题会。

11月1日,省商务厅联合省发展改革委、省工业和信息化厅等10个部门印发《江苏省成品油流通管理办法实施细则》,并于12月1日施行。

11月2日,陈涛厅长参加省委农村工作领导小组会议。

11月2日,吴海云副厅长在省政府参加中欧班列合作论坛执委会第二次会议。

11月2日,孙津副厅长参加省委统一战线工作部有关工作会议。

11月3日,姜昕副厅长赴睢宁看望慰问省商务厅厅驻县乡村振兴工作队员。

11月3日,倪海清副厅长参加苏陕协作工作座谈会。

11月3日,郁冰滢二级巡视员赴无锡出席2022江苏电商直播节暨首届江苏电商直播技能大赛颁奖典礼。

11月4日,第五届中国国际进口博览会在上海开幕,至11月10日闭幕。期间,许昆林省长、方伟副省长、陈涛厅长出席开幕式,参观"中国这十年"对外开放成就展江苏专区、江苏人文交流展区、苏作馆和部分外资企业展台,出席无锡市、泰州市分别与阿斯利康公司项目签约,南通市与德国默克公司战

略合作签约等活动。吴海云副厅长、孙津副厅长、周晓阳副厅长参加有关活动。

11月4日,姜昕副厅长出席徐州国家可持续发展议程创新示范区启动建设大会。

11月4日,孙津副厅长出席无锡市政府举办"携手无锡国际化现代化建设"圆桌会。

11月4日,倪海清副厅长召开厅机关"推进高水平对外开放"专家座谈会。

11月6日,方伟副省长在苏州出席第五届中新合作服务贸易创新论坛,姜昕副厅长陪同参加活动。

11月7日,陈涛厅长参加学习贯彻党的二十大精神中央宣讲团宣讲报告会。

11月7日,陈涛厅长出席相聚进博·2022苏州进口贸易促进大会暨跨国公司开放创新合作交流会。

11月7日,倪海清副厅长参加省人大常委会与韩国全罗北道议会视频连线活动。

11月7日至8日,郁冰滢二级巡视员在响水调研县域商业建设和农村电商有关工作。

11月8日,孙津副厅长参加国家国防动员委员会专题会议。

11月9日,陈涛厅长参加省政府稳定经济增长视频调度会议。

11月9日,姜昕副厅长召集研究促进文化贸易发展措施。

11月9日,吴海云副厅长参加全省119消防宣传月活动启动仪式。

11月9日,吴海云副厅长召集研究推动内外贸一体化工作。

11月10日,陈涛厅长出席2022中国徐州第二十五届投资洽谈会。

11月10日,姜昕副厅长出席第五届中国(淮安)国际食品博览会暨首届金秋经贸洽谈会开幕式。

11月10日,姜昕副厅长参加省人才工作专题会议。

11月10日,孙津副厅长出席江苏(宿迁)—德国经贸合作交流会并开展工作调研。

11月10日,倪海清副厅长召开商务发展专项资金管理工作交流会。

11月10日,郁冰滢二级巡视员在南京调研一刻钟便民生活圈试点建设情况。

11月11日,姜昕副厅长召集研究厅机关办公用房有关事宜。

11月11日,孙津副厅长在宿迁调研外资外经企业。

11月11日,周晓阳副厅长在无锡出席2022长三角跨境电商行业发展峰会暨2022长三角跨境电商交易会。

11月14日,陈涛厅长参加省政府贯彻落实进一步优化疫情防控工作二十条措施专题会议。

11月14日,陈涛厅长参加省政府推进设区市政府数字化转型工作专题会议。

11月14日,姜昕副厅长赴太仓开展口岸工作专题调研。

11月14日,吴海云副厅长参加九三学社江苏省委九届二次常委会议。

11月14日,王存二级巡视员参加省政府交通运输专题会议。

11月15日,陈涛厅长参加江苏省与英中贸易协会视频对话会。

11月15日,姜昕副厅长参加省国防动员专题会议。

11月15日,吴海云副厅长参加省政府安全生产专题会。

11月16日,姜昕副厅长参加省政协十三届一次会议提案线索通报交流会。

11月16日,吴海云副厅长召集研究商务诚信平台整合工作。

11月16日至17日,驻厅纪检组郝建祥组长先后在苏州、无锡调研服务贸易工作。

11月16日,郁冰滢二级巡视员出席2022中国江苏电子商务大会。

11月17日,陈涛厅长出席全省中医药大会。

11月17日,孙津副厅长在盐城参加省人大外事委员会《外商投资条例》立法调研及座谈活动。

11月17日,周晓阳副厅长在省政府参加线上中俄"东北—远东"合作委

员会第四次会议。

11月17日至18日,周晓阳副厅长分别参加商务部贸易救济调查局应对贸易摩擦培训班开班式和闭班式。

11月17日,王存二级巡视员参加省政府交通运输专题会议。

11月18日,陈涛厅长、孙津副厅长在盐城出席第四届中韩贸易投资博览会有关活动。

11月18日,姜昕副厅长出席2022中国(扬州)国际创意美食博览会。

11月18日,倪海清副厅长在宿迁出席2022中国·宿迁绿色产业洽谈会。

11月19日至20日,吴海云副厅长在无锡出席江苏省老字号"三进三促"有关活动。

11月21日,陈涛厅长参加省委学习贯彻党的二十大精神专题调研成果交流会。

11月21日,陈涛厅长、姜昕副厅长、孙津副厅长、周晓阳副厅长、驻厅纪检组郝建祥组长参加省委省级机关工作委员会传达有关文件专题会议。

11月21日,陈涛厅长、王存二级巡视员出席长三角自由贸易试验区联盟论坛开幕式。

11月21日,吴海云副厅长在镇江召开全省流通业发展条线会议。

11月21日,孙津副厅长陪同方伟副省长会见越南驻沪总领事阮世松。

11月21日,倪海清副厅长召开高水平开放政策文件讨论会。

11月22日,吴海云副厅长在镇江出席全省步行街联盟会议,并为首批15条"江苏省示范步行街"授牌。

11月22日,孙津副厅长在常州出席第十四届中国(江苏)企业跨国投资研讨会。

11月22日,孙津副厅长在常州出席2022中日智造交流大会。

11月22日,倪海清副厅长参加省委有关文件征求意见座谈会。

11月22日,郁冰滢二级巡视员召开电子商务进农村综合示范后续有关工作座谈会。

11月22日,王存二级巡视员出席长三角自由贸易试验区联盟论坛。

11月23日,陈涛厅长在南京出席2022世界智能智造大会开幕式。

11月23日,陈涛厅长陪同方伟副省长赴南京自贸片区开展工作调研。

11月23日,陈涛厅长会见苏州工业园区管理委员会林小明主任一行。

11月23日,姜昕副厅长召集研究文化贸易有关工作。

11月23日,吴海云副厅长参加省政府冬季安全生产专项治理动员部署会。

11月23日,孙津副厅长在无锡开展制造业利用外资情况调研。

11月23日,孙津副厅长在无锡出席苏港合作——把握绿色经济投资新机遇研讨会。

11月24日,陈涛厅长会见韩国驻沪总领事金胜镐一行。

11月24日,姜昕副厅长参加省旅游委员会专题会议。

11月24日,吴海云副厅长出席2022年江苏质量大会。

11月24日,孙津副厅长在苏州开展工作调研并出席相约高新·2022江苏—法国经贸合作交流会。

11月24日,周晓阳副厅长参加商务部五省一市商务主管部门视频座谈会。

11月24日,倪海清副厅长参加国务院稳住经济大盘督导和服务工作组与江苏、广西两省(区)视频对接会。

11月25日,陈涛厅长参加全省安全生产电视电话会议。

11月25日,姜昕副厅长召集研究文化贸易工作。

11月25日,姜昕副厅长参加省委组织部专题会议。

11月25日,孙津副厅长视频参加第20次泛黄海中日韩经济技术交流会议。

11月25日,倪海清副厅长参加省委党外人士调研协商座谈会。

11月28日,倪海清副厅长召开2023年度厅内工作专班调整方案研究座谈会。

11月30日,陈涛厅长参加省委十四届三次全会。

11月30日,厅党组书记、厅长陈涛为厅机关学习贯彻党的二十大精神党支部书记专题培训班作专题党课辅导,厅领导班子成员现场参会。

11月30日,姜昕副厅长、孙津副厅长、驻厅纪检组郝建祥组长研究厅有关规章制度修订工作。

11月30日,姜昕副厅长召开口岸工作专题会议。

11月30日,孙津副厅长召集研究外资总部和功能性机构有关工作。

11月30日,周晓阳副厅长参加商务部外贸新业态新模式专题培训开班式。

11月30日,周晓阳副厅长参加胡广杰副省长主持召开的进口物品疫情防控工作座谈会。

11月30日,郁冰滢二级巡视员参加2022年全国电子商务工作视频会议。

11月30日,王存二级巡视员视频出席"扩大高水平制度型开放,实施自贸试验区提升战略"内部专题研讨会。

12月1日,倪海清副厅长召开全省商务综合条线视频调研座谈会。

12月2日,陈涛厅长参加方伟副省长召开的专题会议。

12月2日,陈涛厅长参加国务院稳住经济大盘督导"回头看"座谈会。

12月2日,姜昕副厅长召集研究厅机关办公用房有关工作。

12月2日,周晓阳副厅长参加省委统一战线工作领导小组作用发挥经验交流会。

12月2日,倪海清副厅长在省发展改革委参加计划指标专题协商会。

12月5日,陈涛厅长召集研究"两稳一促"和服务贸易工作,姜昕副厅长、孙津副厅长、周晓阳副厅长、倪海清副厅长、王存二级巡视员参加。

12月5日,吴海云副厅长召开厅安全生产委员会办公室工作会议。

12月5日,吴海云副厅长召开商务诚信公众服务平台优化整合专题会。

12月5日,倪海清副厅长参加淮安市渠北片区扶贫会议。

12月6日,厅领导班子成员集体收听收看江泽民同志追悼大会。

12月6日,陈涛厅长参加省政府疫情防控视频点调会。

12月6日,姜昕副厅长召集研究商务领域示范认定相关工作。

12月6日,倪海清副厅长参加省委研究室经济工作会议文件讨论会。

12月7日,陈涛厅长、孙津副厅长出席苏港合作联席会议第十次会议。

12月7日,吴海云副厅长会见阿里巴巴江苏总经理李嘉平一行。

12月8日,吴海云副厅长带队赴徐州开展内外贸一体化企业试点工作专题调研。

12月8日,郁冰滢二级巡视员参加全省乡村建设电视电话会议。

12月9日,陈涛厅长参加省委经济工作座谈会。

12月9日,姜昕副厅长召开跨境贸易便利化专班会议。

12月9日,姜昕副厅长为分管处室作专题党课辅导。

12月9日,吴海云副厅长在徐州出席老字号"三进三促"徐州站活动,并开展内外贸一体化和现代商贸流通体系示范区建设等调研。

12月9日,孙津副厅长召开省服务业扩大开放综合试点总体方案课题评审会。

12月9日,倪海清副厅长在省政府参加全省经济运行重点工作电视电话会议。

12月9日,王存二级巡视员召开苏新消费冬季购物节启动仪式工作对接会。

12月9日,王存二级巡视员出席南京自贸片区提升战略研讨会。

12月10日,王存二级巡视员在镇江出席省蔬菜行业协会年会。

12月12日,陈涛厅长、吴海云副厅长参加省政府任命的国家工作人员宪法宣誓仪式。

12月12日,陈涛厅长参加省政府稳定经济增长视频调度会议。

12月12日,吴海云副厅长与分管部门交流党的二十大精神学习体会。

12月12日,孙津副厅长陪同方伟副省长在苏州调研外资企业。

12月13日,陈涛厅长、吴海云副厅长、周晓阳副厅长、倪海清副厅长、王存二级巡视员参加省政府商务工作专题会议。

12月13日,吴海云副厅长在江苏分会场参加商务部召开全国药品流通

领域疫情防控和供应保障工作电视电话会议。

12月13日,王存二级巡视员参加商务部驻南京特派员办事处王选庆特派员来厅调研市场保供工作座谈会。

12月14日,周晓阳副厅长参与环球资源交流国际市场开拓工作。

12月14日,倪海清副厅长与分管部门交流学习党的二十大精神体会。

12月14日,王存二级巡视员为分管部门作专题党课辅导。

12月15日,吴海云副厅长出席2022南通老字号·非遗嘉年华暨南通商圈迎新春促消费活动启动仪式和第二届双12南通购物节开幕式。

12月15日,周晓阳副厅长为分管处室做专题党课辅导。

12月15日,倪海清副厅长出席南京市委研究室开放发展视频会议。

12月16日,陈涛厅长主持召开商务工作务虚会,厅领导班子成员参加。

12月16日,陈涛厅长、王存二级巡视员出席2022苏新消费·冬季购物节启动仪式。

12月16日,倪海清副厅长出席2022年度全省政策性出口信用保险信贸协作会。

12月18日,姜昕副厅长出席2022中国南京美食节开幕式暨"江苏味 团圆年"餐饮促消费活动启动仪式。

12月19日,陈涛厅长在省委参加领导干部会议。

12月19日至21日,吴海云副厅长参加九三学社第十二次全国代表大会。

12月20日,王存二级巡视员参加商务部召开的全国商务系统药品市场供应保障工作视频会议。

12月21日,陈涛厅长、孙津副厅长出席新加坡—江苏合作理事会第十六次会议。

12月22日,陈涛厅长参加省委苏青对口支援协作工作视频座谈会。

12月23日,王存二级巡视员参加国务院稳住经济大盘督导和服务工作组与江苏、广西两省(区)视频对接会。

12月26日,陈涛厅长参加省委经济工作会议。

12月27日,陈涛厅长参加省委领导干部会议(传达中央农村工作会议精神)。

12月28日,陈涛厅长参加省委全委扩大会。

12月28日,吴海云副厅长召集研究内外贸一体化企业试点工作。

12月30日,陈涛厅长陪同许昆林省长在南京开展工作调研。

12月30日,姜昕副厅长参加省委农村工作领导小组专题会议。

2022年江苏省相关经贸数据

2022年全省国民经济主要指标

金额单位：亿元

指　　标	12月		1—12月	
	绝对值	同比	绝对值	同比
1. 规模以上工业增加值	—	3.2%	—	5.1%
2. 全社会用电量（亿千瓦时）	661.5	4.7%	7 399.6	4.2%
工业用电量	494.2	3.8%	5 063.2	1.7%
3. 固定资产投资	—	—	—	3.8%
基础设施投资	—	—	—	8.2%
房地产开发投资	—	—	12 406.3	−7.9%
4. 限额以上社会消费品零售总额	—	0.7%	—	1.4%

续表

指　标	12月		1—12月	
	绝对值	同比	绝对值	同比
5. 一般公共预算收入	—	—	—	—
税收收入	—	—	—	—
6. 一般公共预算支出	—	—	—	—
7. 金融机构人民币存款余额（月末）	—	—	212 225.2	12.0％
8. 金融机构人民币贷款余额（月末）	—	—	203 925.5	14.6％
9. 居民消费价格指数(上年同期＝100)	102.0	上涨2.0个百分点	102.2	上涨2.2个百分点
10. 工业生产者出厂价格指数	98.5	下降1.5个百分点	103.2	上涨3.2个百分点

2022年沿海兄弟省市商务主要指标完成情况

指标		广东	上海	浙江	山东	江苏	全国
社会消费品零售总额（亿元）	1—12月	44 882.9	16 442.1	30 467.2	33 236.2	42 752.1	439 732.5
	同比	1.6%	−9.1%	4.3%	−1.4%	0.1%	−0.2%
	占全国比重	10.2%	3.7%	6.9%	7.6%	9.7%	100.0%
进出口（亿元）	1—12月	83 102.9	41 902.7	46 836.6	33 324.9	54 455.0	420 678.2
	同比	0.5%	3.2%	13.1%	13.8%	4.8%	7.7%
进出口（亿美元）	1—12月	12 470.4	6 272.4	7 034.4	4 994.3	8 177.5	63 096.0
	同比	−2.5%	−0.2%	9.8%	10.2%	1.7%	4.4%
	占全国比重	19.8%	10.0%	11.1%	7.9%	12.9%	100.0%
出口（亿元）	1—12月	53 323.4	17 134.2	34 325.4	20 355.8	34 815.9	239 654.0
	同比	5.5%	9.0%	14.0%	16.2%	7.5%	10.5%
出口（亿美元）	1—12月	7 999.6	2 563.7	5 158.0	3 047.7	5 225.9	35 936.0
	同比	2.3%	5.4%	10.7%	12.4%	4.3%	7.0%
	占全国比重	22.3%	7.1%	14.4%	8.5%	14.5%	100.0%
进口（亿元）	1—12月	29 779.5	24 768.5	12 511.2	12 969.1	19 639.2	181 024.2
	同比	−7.4%	−0.5%	10.7%	10.3%	0.4%	4.3%
进口（亿美元）	1—12月	4 470.8	3 708.7	1 876.5	1 946.6	2 951.6	27 160.0
	同比	−10.2%	−3.7%	7.3%	6.9%	−2.5%	1.1%
	占全国比重	16.5%	13.7%	6.9%	7.2%	10.8%	100.0%
实际使用外资（亿美元）	1—12月	278.9	239.6	193.0	228.7	305.0	1 891.3
	同比	0.8%	0.4%	5.2%	6.3%	5.7%	8.0%
境外中方投资（亿美元）	1—12月投资	89.0	86.2	130.4	—	96.7	1 168.5
	同比	−36.3%	−56.1%	45.0%		44.8%	2.8%

注：广东、上海、浙江、江苏为协议投资额。

2022年江苏省社会消费品零售总额

金额单位：亿元

指　　标	1—12月		
	绝对值	同比	比重
社会消费品零售总额	42 752.1	0.1%	100.0%
限额以上社会消费品零售总额	16 672.7	1.4%	39.0%
其中：通过公共网络实现的零售额	3 242.6	19.4%	7.6%
1. 粮油、食品类	1 734.3	−0.9%	4.1%
2. 饮料	193.6	5.1%	0.5%
3. 烟酒	488.5	4.6%	1.1%
4. 服装、鞋帽、针纺织品类	1 391.7	−4.0%	3.3%
5. 化妆品类	276.0	3.1%	0.6%
6. 金银珠宝类	372.6	6.3%	0.9%
7. 日用品类	820.8	−0.9%	1.9%
8. 五金、电料类	169.2	−5.4%	0.4%
9. 体育、娱乐用品类	120.7	22.3%	0.3%
10. 书报杂志类	162.1	3.2%	0.4%
11. 家用电器和音像器材类	1 040.8	0.6%	2.4%
12. 中西药品类	606.4	15.9%	1.4%
13. 文化办公用品类	437.6	8.8%	1.0%
14. 家具类	129.5	−9.2%	0.3%
15. 通讯器材类	485.1	5.1%	1.1%
16. 石油及制品类	1 977.8	7.5%	4.6%
17. 建筑及装潢材料类	339.9	−18.4%	0.8%
18. 汽车类	4 526.6	2.8%	10.6%

2022年江苏省各设区市进出口情况

金额单位:亿元

指标	进出口			出口			进口		
	累计金额	同比	比重	累计金额	同比	比重	累计金额	同比	比重
全　省	54 454.9	4.8%	100.0%	34 815.7	7.5%	100.0%	19 639.2	0.4%	100.0%
苏州市	25 721.1	1.6%	47.2%	15 475.0	4.0%	44.4%	10 246.1	−1.9%	52.2%
无锡市	7 373.1	8.0%	13.5%	4 852.7	15.0%	13.9%	2 520.4	−3.3%	12.8%
南京市	6 292.1	0.3%	11.6%	3 827.9	−1.8%	11.0%	2 464.2	3.6%	12.5%
南通市	3 665.3	8.1%	6.7%	2 350.4	4.5%	6.8%	1 314.9	15.1%	6.7%
常州市	3 228.5	7.5%	5.9%	2 507.4	14.7%	7.2%	721.1	−11.7%	3.7%
盐城市	1 372.4	23.3%	2.5%	926.1	33.8%	2.7%	446.3	5.9%	2.3%
泰州市	1 307.3	8.2%	2.4%	895.8	4.9%	2.6%	411.5	16.2%	2.1%
徐州市	1 291.1	2.9%	2.4%	1 112.0	5.9%	3.2%	179.1	−12.2%	0.9%
扬州市	1 101.2	13.9%	2.0%	870.8	22.3%	2.5%	230.4	−9.6%	1.2%
连云港市	1 075.7	14.8%	2.0%	398.4	2.4%	1.1%	677.3	23.6%	3.4%
镇江市	1 038.8	24.5%	1.9%	774.6	30.0%	2.2%	264.2	10.8%	1.3%
宿迁市	560.1	30.1%	1.0%	503.4	35.1%	1.4%	56.7	−1.8%	0.3%
淮安市	428.3	12.4%	0.8%	321.4	15.5%	0.9%	106.9	4.3%	0.5%
苏南地区	43 653.6	3.3%	80.1%	27 437.6	6.4%	78.8%	16 216.0	−1.6%	82.6%
苏中地区	6 073.8	9.1%	11.2%	4 117.1	7.9%	11.8%	1 956.7	11.7%	10.0%
苏北地区	4 727.6	14.9%	8.7%	3 261.3	17.2%	9.4%	1 466.5	10.0%	7.5%

注:按各市进出口规模排序。

2022年江苏省各设区市及地区外商直接投资情况

金额单位：万美元

省辖市	实际使用外资			本期外商投资企业		
	1—12月金额	同比	占比	企业数	同比	占比
全　　省	3 049 921	5.7%	100.0%	3 303	−22.0%	100.0%
苏州市	741 798	35.9%	24.3%	1244	−14.9%	37.7%
南京市	484 950	10.5%	15.9%	503	−26.9%	15.2%
无锡市	382 611	3.6%	12.5%	297	−20.2%	9.0%
南通市	295 178	7.5%	9.7%	276	−3.8%	8.4%
常州市	283 099	9.8%	9.3%	210	−33.5%	6.4%
徐州市	122 439	−48.9%	4.0%	146	−35.7%	4.4%
扬州市	153 457	−14.3%	5.0%	107	−38.2%	3.2%
盐城市	118 263	9.0%	3.9%	99	−36.1%	3.0%
宿迁市	117 602	48.2%	3.9%	59	—	1.8%
泰州市	113 889	−32.2%	3.7%	73	−41.1%	2.2%
连云港市	78 037	5.7%	2.6%	80	−25.9%	2.4%
淮安市	101 846	7.1%	3.3%	142	−13.9%	4.3%
镇江市	56 752	2.9%	1.9%	67	−33.0%	2.0%
苏南地区	1 949 210	16.9%	63.9%	2 321	−21.0%	70.3%
苏中地区	562 524	−9.5%	18.4%	456	−21.9%	13.8%
苏北地区	538 187	−9.8%	17.7%	526	−26.3%	15.9%
沿海地区	491 478	7.5%	16.1%	455	−18.8%	13.8%

注：沿海地区包括南通市、连云港市、盐城市。

2022年江苏省各设区市及直管县(市)境外投资累计情况

金额单位:万美元

指标	新批项目数			中方协议投资		
	1—12月	同比	比重	1—12月	同比	比重
全 省	850	17.4%	100.0%	966 747.0	44.8%	100.0%
南京市	104	14.3%	12.2%	55 365.2	23.8%	5.7%
无锡市	157	61.9%	18.5%	402 748.1	220.5%	41.7%
徐州市	20	−9.1%	2.4%	5 579.4	−74.8%	0.6%
常州市	54	14.9%	6.4%	111 553.8	105.9%	11.5%
苏州市	381	9.8%	44.8%	256 270.9	−21.0%	26.5%
南通市	37	−14.0%	4.4%	30 185.1	63.0%	3.1%
连云港市	16	—	1.9%	40 394.6	90.1%	4.2%
淮安市	7	600.0%	0.8%	3 258.4	3 158.4%	0.3%
盐城市	10	66.7%	1.2%	2 279.9	−89.3%	0.2%
扬州市	26	62.5%	3.1%	24 300.4	389.8%	2.5%
镇江市	15	—	1.8%	28 157.6	201.1%	2.9%
泰州市	13	−23.5%	1.5%	4 079.9	−80.1%	0.4%
宿迁市	10	66.7%	1.2%	2 573.5	345.8%	0.3%
昆山市	24	−25.0%	2.8%	33 036.6	89.0%	3.4%
泰兴市	2	—	0.2%	1.6	−18.2%	
沭阳县	2	100.0	0.2%	1 502.6	1 176 548.4%	0.2%
苏南地区	711	19.1%	83.7%	854 095.7	53.0%	88.4%
苏中地区	76	—	8.9%	58 565.4	33.1%	6.1%
苏北地区	63	23.5%	7.4%	54 085.9	−17.1%	5.6%

2022年江苏省各设区市及直管县(市)对外承包工程累计情况

金额单位:万美元

指标	新签合同额			完成营业额		
	1—12月	同比	比重	1—12月	同比	比重
全 省	429 393	-23.2%	100.0%	560 200	-5.9%	100.0%
南京市	166 342	-11.8%	38.7%	211 166	-12.5%	37.7%
无锡市	—	—	—	—	—	—
徐州市	39 000	45 248.8%	9.1%	4 596	-11.4%	0.8%
常州市	19 527	-55.7%	4.5%	36 608	32.7%	6.5%
苏州市	49 451	-54.9%	11.5%	46 233	10.0%	8.3%
南通市	98 383	-13.2%	22.9%	166 868	-8.5%	29.8%
连云港市	—	—	—	289	162.7%	0.1%
淮安市	—	—	—	3 263	-44.7%	0.6%
盐城市	—	—	—	483	-16.7%	0.1%
扬州市	24 526	-8.8	5.7	21 466	23.3%	3.8%
镇江市	6 893	125.3%	1.6%	21 226	-2.6%	3.8%
泰州市	25 271	-62.3%	5.9%	48 001	0.5%	8.6%
宿迁市	—	—	—	—	—	—
昆山市	—	—	—	—	—	—
泰兴市	—	—	—	—	—	—
沭阳县	—	—	—	—	—	—
苏南地区	242 213	-29.9%	56.4%	315 234	-6.2%	56.3%
苏中地区	148 180	-28.5%	34.5%	236 335	-4.6%	42.2%
苏北地区	39 000	485.6%	9.1%	8 632	-26.7%	1.5%

2022年江苏省各设区市及直管县(市)对外劳务合作累计情况

金额单位:万美元

指 标	新签劳务人员合同工资总额			劳务人员实际收入总额		
	1—12月	同比	比重	1—12月	同比	比重
全 省	31 393	66.7%	100.0%	43 909	1.6%	100.0%
南京市	5 032	35.9%	16.0%	12 777	−3.2%	29.1%
无锡市	124	2 373.8%	0.4%	158	1.4%	0.4%
徐州市	—	—	—	—	—	—
常州市	420	110.0%	1.3%	365	−4.5%	0.8%
苏州市	386	−44.8%	1.2%	3 355	−16.5%	7.6%
南通市	17 400	40.2%	55.4%	16 522	−9.9%	37.6%
连云港市	6 014	657.4%	19.2%	3 717	106.3%	8.5%
淮安市	39	—	0.1%	239	1 156.9%	0.5%
盐城市	139	15.8%	0.4%	1 192	44.1%	2.7%
扬州市	1 558	125.8%	5.0%	4 243	8.7%	9.7%
镇江市	237	88.0%	0.8%	297	130.5%	0.7%
泰州市	—	—	—	336	205.1%	0.8%
宿迁市	44	−48.0%	0.1%	709	107.3%	1.6%
昆山市	—	—	—	—	—	—
泰兴市	—	—	—	334	208.9%	0.8%
沭阳县	—	—	—	—	—	—
苏南地区	6 199	31.0%	19.7%	16 952	−5.2%	38.6%
苏中地区	18 959	44.7%	60.4%	21 100	−5.6%	48.1%
苏北地区	6 235	524.8%	19.9%	5 857	95.9%	13.3%